中国石刻系列丛书

于无声处

——汉代画像石中的体育娱乐活动

于兆杰 著

中国纺织出版社有限公司

内 容 提 要

本书以汉代画像石和画像砖为研究对象，通过对汉代画像石图像的研究与分析，探寻汉代体育娱乐活动的发展状况、内容和形式，多角度了解汉代社会生活面貌。全书基于汉代体育娱乐活动的形式分为十章，包括武术、射艺、蹴鞠、百戏技艺、投壶与六博、狩猎与斗兽等内容。本书通过参阅相关史料书籍，及汉代画像石和画像砖图像的佐证，力图再现汉代体育和娱乐活动的全貌。

本书可作为体育类学科老师和学生研究汉代体育娱乐活动的参考资料，也可为艺术类学者研究汉代画像石提供图文借鉴。

图书在版编目（CIP）数据

于无声处 ：汉代画像石中的体育娱乐活动 / 于兆杰著．--北京 ：中国纺织出版社有限公司，2023.6
（中国石刻系列丛书）
ISBN 978-7-5229-0575-4

Ⅰ．①于… Ⅱ．①于… Ⅲ．①画像石－研究－中国－汉代②体育运动史－中国－汉代 Ⅳ．①K879.42
②G812.934

中国国家版本馆CIP数据核字（2023）第080630号

责任编辑：李春奕　张艺伟　　责任校对：高　涵
责任印制：王艳丽

中国纺织出版社有限公司出版发行
地址：北京市朝阳区百子湾东里A407号楼　邮政编码：100124
销售电话：010—67004422　传真：010—87155801
http://www.c-textilep.com
中国纺织出版社天猫旗舰店
官方微博 http://weibo.com/2119887771
北京华联印刷有限公司印刷　各地新华书店经销
2023年6月第1版第1次印刷
开本：787×1092　1/16　印张：10
字数：150千字　定价：69.80元

汉代画像石是一种石刻绘画。是地下墓室、墓地祠堂、木阙和庙阙等建筑上雕刻画像的建筑构石。画像砖则是以拍印、模印方法制成的图像砖。汉代画像石和画像砖描绘了汉代现实生活、丧葬习俗和宗教信仰等方面的内容，以及表现墓主人的身份地位、生活境况等。

画像石虽无声，但为我们展示了鲜活的汉代社会风貌。历史学家翦伯赞在《秦汉史》书中对汉代石刻画像的史料价值给予了很高的评价："我以为除了古人的遗物以外，再也没有一种史料比绘画雕刻更能反映出历史上的社会之具体的形象。"他还表示："在有些歌舞画面上所表示的图像，不仅可以令人看见古人的形象，而且几乎可以令人听到古人的声音。这当然是一种最具体最真确的史料。"

汉代画像石是我国遗存丰富、极富特色的古代美术史资料，同时，因其内容庞大繁复，而被学者们视为先秦文化和汉代社会图像的百科全书。汉画像石内容丰富，寓意深刻，不但反映了汉代社会生活的方方面面，而且反映了阴阳五行思想、神仙信仰以及儒家伦理道德观念等，多角度展现了汉代精神文明和物质文化发展的成果。汉代画像石不仅是精美的石刻艺术品，也是研究汉代政治、经济和文化的主要资料，具有较高的艺术和考古价值。

体育活动是人们社会生活的组成部分，随着人们生活水平的提高而逐步发展，汉代体育活动的发展同时还伴随社会生产劳动、宗教祭祀、舞蹈娱乐以及军事训练的发展。作为社会发展中较为活泼的元素，我们可以透过体育活动窥一斑而知全貌，从汉代体育活动的发展变化推测出汉代社会发展的概况，了解兼容并包的汉代精神

风貌。汉代画像石及画像砖的图像内容为我们探究汉代体育活动的发展提供了直观、全面的材料，也为汉代文字史料的研究提供了佐证。

汉初，为了抵御北方少数民族的侵扰，加上统治者开疆拓土的雄心壮志，汉代社会开始盛行崇武尚勇的风气，强化军备，加强军队训练。这对于武术技艺的发展起到了积极的促进作用，徒手格斗的方式与搏击、刀剑、戈矛、钩镶等武术器械在战争和训练中的广泛使用，使器械的使用方法和武术技艺都得到了发展，进而丰富了武术的内容。汉代画像石中的武术技艺多通过胡汉战争图、武术对练图等内容展现。受崇武尚勇风气的影响，以及汉代贵族社会对娱乐活动的追求，狩猎与斗兽活动开始在汉代贵族社会盛行，一定程度上也促进了射箭技艺和骑马技艺的发展。渐渐地，斗兽开始在军队和民间传播盛行。斗兽除了可以增强人们的身体素质，提升搏斗技巧，还可以强化意志、培养胆量，而打猎则已由最初的生活必需活动转为娱乐活动。此外，蹴鞠在汉代既是重要的军队训练内容，也是民间市井娱乐活动。

在汉代，不同的文化兼容并包，人们以开放的心态对待外来文化，博采众长，"角抵百戏"的艺术形式就是典型代表。"百戏"是对汉代民间各种技艺的统称，百戏活动内容既包括西域的"安息五案""鱼龙曼延"，也包括南方少数民族的"都卢寻橦""冲狭燕濯"，还包括北方少数民族的马术、车技等。汉代画像石中出现的建鼓舞、盘鼓舞以及长袖舞等画面，往往是画中人物与音乐配合表演的场景，也是诸多民族舞蹈表演的雏形。现代的体操表演、舞龙、灯舞等众多体育项目及杂技表演也都能从汉代画像石中找到些许痕迹。

西汉王朝建立后，统治者"无为而治"的政策使社会矛盾得以缓解，"重农抑商"的经济手段和"轻徭薄赋"的利民政策也使经济得以恢复。社会经济发展与社会秩序日趋稳定，国家日益强盛，人民安居乐业。汉代贵族社会对娱乐休闲的需求日益提升，投壶、六博等活动也由仅在贵族社会流行发展至社会各阶层。

女性也均参与其中。

笔者于 2010 年前后开始研究汉代画像石，被其深沉雄大、质朴无华的特质所吸引，徜徉于汉代画像石的海洋之中，惊叹于画像石内容的丰富多彩、博大深邃，以及表现形式的变化多样。其中，乐舞杂技、六博对弈、御车射艺、狩猎斗兽、飞剑跳丸和鱼龙曼延等活动场景跃然石上，仿佛述说着汉代社会昔日的精彩。2012 年，笔者以《对汉代画像石中体育活动因素的研究》为题撰写论文，并参加了"海峡两岸体育运动史学学术研讨会"，论文有幸在此次会议中获得优秀论文奖，那时便有了进一步研究和探索汉代画像石中体育娱乐活动的想法。经过 10 年的沉淀和积累，当年些许幼稚的想法终于付诸现实：《于无声处：汉代画像石中的体育娱乐活动》一书终于付梓。

本书为广州美术学院科研资助项目（18XJA033），得到了学校科研处等部门的大力支持。在成书过程中，本校艺术与人文学院阎安教授对本书的结构和内容提出了建设性意见，并对具体细节进行了点拨，笔者获益匪浅。另有李孟琦、郭梦婕等多位同事在诸多方面给予大力支持，在此一并致谢。

于兆杰

2022 年 6 月于广州

目录 CONTENTS

第一章

汉代画像石与画像砖概述

画像石是一种石刻绘画。石刻绘画主要见于石祠堂、石阙、墓葬和石棺之上(图1-1)。画像石起源于西汉,盛行于东汉,多见于墓、祠、阙、棺椁之上,雕刻形式常见减地平雕加阴线刻、浅浮雕、阴线刻形式,偶见凹面刻、高浮雕和透雕的形式。汉代画像石题材广阔、内容丰富、寓意深刻,不仅展现了当时社会生活和物质文化的方方面面,而且突出反映了阴阳五行思想、神仙信仰以及儒家伦理道德观念。除图像、纹样外,部分画像石上还刻有文字榜题,文字内容涉及画像石的名称;墓主、祠主的生平事迹;祠、阙、墓的修建年代、修建缘由、出资人及价值;出资人对祠主、墓主表示敬意或哀悼之辞和吉祥语;修建祠、阙、墓及雕刻画像石的工匠的籍贯、姓名等。榜题文字长短不一,短者寥寥数字,长者几十甚至几百字。

图1-1 画像石《许阿瞿墓志铭》(河南南阳出土)

图1-2 汉代画像石(山东嘉祥出土)

汉代画像石本质上是一种祭祀性丧葬艺术。画像石不仅是汉代以前中国古典美术艺术发展的巅峰,而且对汉代以后的美术艺术也产生了深远的影响,在我国美术史上具有承前启后的重要地位。在艺术形式上,汉代画像石上承战国绘画古朴之风,下开魏晋风度艺术之先河,奠定了中国绘画的基本规律和规范。汉代画像石同我国商周时期的青铜器、南北朝的石窟艺术、唐诗和宋词一样,是我国文化艺术的杰出代表和瑰宝。其成型技术属于雕刻的范畴,而其整体艺术形态则似绘画,故将其称为"画像石"。我国的画像石主要集中在汉代,所呈现的内容题材既有宗教信仰、鬼神崇拜,又有历史记载和现实生活的再现,同时也有人们对期待的未来生活的描绘(图1-2)。

近代学者给予汉代画像石极高的评价,均认为汉代画像石是中华民族古代文化遗产中的瑰宝,是"以石为地,以刀代笔"的石刻艺术品。其内容丰富、取材广泛,从不同的层面和角度反映了汉代的社会状况、风土民情、娱乐活动、典章制度和宗教信仰等方面,是研究汉代政治、经济、文化的重要资料。汉代画像石在从西汉末期(公元前30年)到东汉末期(公元220年)的250年间盛行,有"汉代大百科全书"之称。著名历史学家翦伯赞对汉代画像石这样评价:"在中国历史上,也再没有一个时代比汉代更好

地在石板上刻出当时现实生活的形式和流行的故事来""这些石刻画像,假如把它们有系统地搜集起来,几乎可以成为一部绣像的汉代史。"鲁迅先生则在20世纪30年代就盛赞:"惟汉人石刻,气魄深沉雄大。"他本人也收集了大量的汉代画像石拓片,图1-3是鲁迅先生收藏的山东出土的汉代画像石拓片。

图1-3　鲁迅先生收藏的汉代画像石拓片(原石发现地:山东)

3

第一节 | 汉代画像石的研究概略

关于汉代画像石的相关记载,始见于早期的地理学著作。北魏郦道元在《水经注·济水》中,引用了东晋戴延之《西征记》中的相关内容,记载了一些东汉时期的石祠堂画像石。但具体著录汉代画像石的内容,并对其进行题材研究的则是由宋至清的一些金石学家先开始的。其中最早的著作是北宋的赵明诚所著《金石录》,南宋的洪适则扩充了著录的内容,撰写了《隶释隶续》。至清代乾隆时期,黄易和李克正挖掘出了山东嘉祥的武氏祠画像石群后,研究汉代画像石之风大盛。这一时期的著作有冯云鹏、冯云鹓兄弟二人的《金石索》、阮元和毕沅的《山左金世志》、王昶的《金石萃编》和瞿中溶的《汉梁武祠画像考》等。到了民国时期,代表著作有关伯益的《南阳汉代画像石》、孙文青的《南阳汉画像汇存》、容庚的《汉武梁祠画像考释》。按其研究方法而言,还类似于金石学著作。❶

---

❶ 中国画像石全集编辑委员会.中国画像石全集 (1) [M].济南:山东美术出版社,2006:4.

到了 20 世纪初，学者开始将汉代画像石列入考古学范畴。国外学者如法国的沙畹、色伽兰和日本的关野贞等人，在河南、山东、四川等地调查汉代的石祠、石阙和画像石时，运用近代考古学的方法，如采用拍摄、测量、记录等手段，对若干汉代画像石进行比对，进而分析这些画像石原有的组成关系，以及各画像石之间内容上的联系。

20 世纪 30~40 年代，学者对汉代画像石的研究进入科学收集、公布资料阶段，但尚存在不系统、零散的问题。此阶段最关键的研究成果是滕固首次对汉代画像石的艺术形式进行了分类，这种分类方法仍是现在的学者研究汉代画像石所遵循的，也就是将汉代画像石分为拟浮雕和拟绘画两大类艺术形式的方法。同一时期，美国的费慰梅根据实测和拓片做出了山东嘉祥武梁祠的前石室和左石室的复原图，这幅图加深了人们对汉代画像石本身含义的解读，成为研究汉代画像石的重要基础。

1954 年，山东沂南北寨村大型汉代画像石墓被发掘，因其墓室众多、画像丰富，使研究者能够进一步研究画像石内容的分类及其分布位置。随后在山东、江苏、河南、安徽、陕西、山西、四川等地也发掘了大量的汉代画像石墓，使画像石的内容题材大大增加，为画像石的研究和理解提供了更加全面和系统的材料。

在汉代画像石的画面解读方面，日本学者林巳奈夫做出了较大贡献，他根据刻画了车马出行场景的画像石内容，推断出了墓主人的身份及其升迁过程，同时对画面中出现的风伯、雨师、雷公等形象特征做了合理的推断，解开了一大批画像石的内容之谜。

在雕刻技法分类方面，蒋英炬、吴文祺和信立祥在拟绘画和拟浮雕的基础上，将技法再细分为阴线刻、凹面线刻、减地平面线刻、浅浮雕、高浮雕和透浮雕六类。而多丽丝(Doris)和克罗圣特(Croissant)发现了汉代画像石中使用的散点透视法，以及少数焦点透视法。

在所有的雕刻技法中，阴线刻是最原始的方法，图像和石面处于同一平面，接近于白描的绘画效果，最早出现在西汉末期，一直沿用到东汉末期至隋唐以后。早期的阴线刻图像构图简单，到了东汉末期时，技法日渐成熟，构图则日益复杂多变，线条细致，画面形象生动(图1-4)。

图1-4　平面阴线刻技法雕刻的画像石（山东出土）

凹面线刻是在阴线刻法的基础上将图像整体凿平而使物象呈凹面状，再刻出一些更深的阴线来表现物象某些部分的技法，盛行于东汉早期。采用凹面线刻技法雕刻的图像形象凹入平面以下，略现起伏，整体呈低于石面的薄肉雕形态，后世木雕艺人也将这种形式称为"沉雕"（图1-5）。

减地平面线刻是指将图像轮廓线外的空间去除一层的技法，采用此种技法雕刻的图像突起拓出，近似于剪纸效果。该技法将石材磨平，对物象以外部分进行减地处理，使物象突出，再施加阴线刻法表现细节，流行于汉代画像石最发达的时期（见图1-2）。

图1-5　凹面阴线刻技法雕刻的画像石（徐州汉画像石艺术馆藏）

浮雕类技法是在东汉末期才出现的，雕刻的画像石多以浅浮雕的形式出现（图1-6）。高浮雕相对少见。透浮雕的形式主要应用在墓室石梁上雕刻的应龙、柱础部位的蹲羊，以及石阙的出檐部位的角神和角兽[1]。

图1-6　平面浅浮雕画像石（徐州汉画像石艺术馆藏）

在各类汉代画像石中，都存在散点透视法的运用。围绕着一个主题来安排画面内容，并且往往围绕一个主题把不同时空的事件表现在一个画面上，这就是散点透视法[2]。例如，沂南画像石《百戏图》将不同时间演出的百戏集于同一个画面，用来表现欢庆的气氛

---

[1] 中国画像石全集编辑委员会.中国画像石全集（1）[M].济南：山东美术出版社，2006：6-7.

[2] 散点透视法，中国画散点透视的基本含义是移动视点，是用活动的视点观察景物，强调"景随人移"，以形成迂回连贯的空间，所构成的画面打破了时空的限制，具有多视域和空间跨越、时间迁移的特征，也称"活点法"。

（图1-7）。山东诸城画像石中的《庖厨图》，则将打猎、捕鱼、宰杀猪鸭和用辘轳打水等活动围绕厨中烹调的场景俱呈于画面中。这种布局法在内容安排上有较大的幅度可供回旋，有利于艺术家的构思和创作，是丰富和充实画面内容的一种巧妙方法，也是我国传统的绘画形式之一，对后世的绘画有着深远的影响。

图1-7　画像石《百戏图》（山东沂南出土）

刻画像石的石刻师能根据不同的作品需求，在刻画时分别使用婉转流畅或刚直豪放的线条，刻画形象生动。如图1-8所示为一块刻画朱雀的画像石，朱雀的冠和尾部线条用弧线勾勒，秀丽活泼，足部和双翅的线条用直线勾勒，刚劲有力，组合在一起构成了惹人喜爱的朱雀形象。

由于工具和材料的限制，大多数汉代画像石还无法惟妙惟肖地表现出物象的细节，但汉代石刻艺术家能够扬长避短，善于抓住事物的整体概貌，突出物象的基本特征和外在形象，用简练概括的手法突出强烈夸张的动势。在这个过程中，主要靠画面中的动作、行为、情节来表现，而不是靠细腻的刻画，富神于粗犷的外形中，使形与神有机结合，从而构成了汉代画像石艺术的古拙风貌。当然，这种古拙风格在汉代绘画、雕塑等其他艺术形式上也或多或少存在着。汉代画像石以其不注重细节修饰的粗犷外形和夸张姿态造就了力量与动感，从而形成一种独特的气势之美。

山东武氏祠画像石（见图1-2）中描绘了荆轲刺秦王时将匕首掷出后，插入柱中的那一瞬间的场景，《泗水取鼎图》（图1-9）中刻画了鼎将坠未坠之际，拽绳拉鼎的人们将要仰面跌倒的刹那场景。这些场景刻画都透露出紧张激烈的气氛，显示出人物的力量和速度。

汉代画像石中刻画的运动状态下的动物造型更加生动形象，如奋力相抵的牛、行动如风的虎、千姿百态的马等。这些动物造型在汉代石刻艺术家的刀笔下表现得十分豪放洒脱、雄健奔放，仿佛它们的体内孕育着无穷无尽的力量。即使是许多静态的形象，也能使人们感受到其内在的力量和气势，表现出了汉代画像石艺术古拙而富有气势的独特魅力。

图1-8　画像石《朱雀图》（河南南阳出土）　　图1-9　画像石《泗水取鼎图》（山东嘉祥出土）

各地汉代画像石的艺术风格各有不同：山东和苏北画像石以质朴厚重见长，古风盎然；河南画像石以雄壮有力见长，豪放泼辣；四川画像石清新活泼，精巧俊爽；陕北晋西画像石纯朴自然，简练朴素。汉代画像石表现的内容极为广泛，凤飞龙降、女娲伏羲、忠臣孝子、伏兵跃马、斗鸡走犬、跳丸弄剑、百灵嬉戏等场面靡不毕见，反映了汉代社会的神话传说和人们安居乐业、其乐融融的社会生活场景，表现了气魄深沉雄大的汉代精神风貌。

总体而言，汉代画像石本质上仍属于雕刻艺术的范畴。在陕北的绥德县和米脂县、河南南阳以及陕西其他地区等地发现的汉代画像石上均有若干图像轮廓的边沿痕迹，还残留一些勾勒出的线条。因此，我们可以推断出画像石在雕刻成形之前先用朱、墨、黄、白绿等色的线条勾勒出图像的轮廓，然后开始雕凿。在山东东阿县芗他君祠堂的题记中明确记载了画像石工匠有"石师"和"画师"之分，也说明了画像石的制作过程。

第二节 | 汉代画像石对后世艺术的影响

汉代画像石对汉代以后的艺术也产生了深远的影响。汉代画像石对于研究汉代的建筑、雕刻和绘画具有很大价值，作为一种雕刻艺术的表现形式，在中国美术史上起着承前启后的作用。正所谓"禀三代钟鼎玉器雕刻之工，开两晋唐宋绘画之先河"，汉代画像石留给后人的是古拙素朴、深沉雄大的艺术风采。汉代画像石在雕凿前先在石块平面上绘出画面，然后雕刻出物象，是绘画和雕刻两种艺术形式的结合，因此我国绘画艺术的诸多早期元素都可以从这里窥见端倪。

汉代舞蹈是我国古代戏剧的起源之一。"长袖"是汉代舞蹈中必不可少的助舞道具和艺术特色之一,汉代画像石中的长袖形态有两种:一种为喇叭状的筒袖,另一种为袖口端接一长飘带的形式。"长袖"后来演化为两种新的形态,进而产生了两种舞蹈形式:一种是长袖变得更加长,变为"巾",其舞名也随之改称"长巾舞";另一种则演化为"水袖"的形态,"水袖舞"也成为我国古典戏曲不可缺少的艺术表演形式之一。

在山东济宁出土的汉代画像石中,有对男女对舞表演场景的刻画(图1-10)。画面中,女舞伎身姿秀美,动作轻盈柔曼,为站立舞姿;其身旁的男舞伎则面部夸张,表情滑稽,体态粗壮且呈半蹲姿势。这种带有谐趣气氛的表演和一高一低的舞姿,与我国民间流行的秧歌、花灯等表演中的舞蹈动作十分相似。据文献记载,汉代已出现了以男扮女的演出形式,《汉书·郊祀志》中便有"紫坛伪设女乐"的记载。到了汉末及三国时期,男扮女装的演员也就很常见了。在戏剧《东海黄公》的表演中,采用了以人扮虎的演出形式,而到了戏剧《辽东妖妇》时,便有了男扮女的演出形式,这为我国戏剧中特有的男女角色反串演出揭开了序幕。

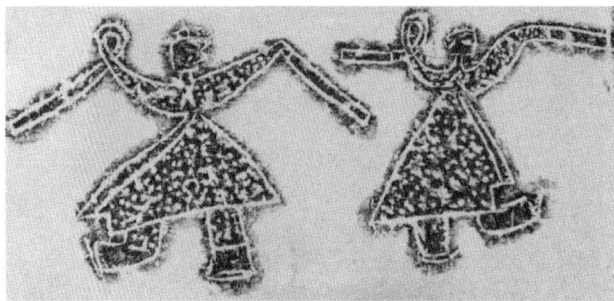

图1-10　画像石《对舞图》（山东济宁出土）

在许多现代杂技项目中都存有汉代百戏的影子。可以说,杂技是由汉代百戏发展而来,如汉代幻术演变成现在的魔术等。在汉代百戏中,表现人与虎搏斗的故事逐渐演变为狮子舞,没有了原来搏击的凶险之感,反而成了人们庆祝节日和热闹、祥和的象征。

汉代百戏宏大、热烈的演出场面和氛围,为戏曲的形成和演出奠定了社会基础和群众基础。百戏表演的强大影响力引起了汉代统治者的关注和兴趣,最终百戏成了官方活动,并由此产生了专职的编集人员和专门训练、管理演员的场所和机构,即梨园与教坊。百戏中的"角抵"对后来戏剧中的武打动作等程式有着深远的影响。汉代百戏中的假形扮演、杂技、乐舞等表演形式,相比以前的歌舞表演更为复杂,戏剧因素也明显增多,虽然还不像后世戏剧那样有台词、有说唱,但它仍被人们称为"中国戏剧的原始胚胎"。

汉代画像石拓片是记录汉代画像石艺术的重要手段,其技法是在原石上覆盖宣纸,并使用墨汁拓印下来,将原本凸凹的立体图像转化为平面图像,真实记录了画像石的内容和各种信息,拓片的黑白轮廓分明,具有类似版画的艺术效果。初拓片有着珍贵的历史价值和艺术价值,因此被视为文物并被收藏。汉代画像石拓片对欣赏汉代画像石的艺术和研究汉代画像石的内容有重要意义,是照相技术无法替代的表现形式。❶

第三节 | 汉代画像石的分布

汉代画像石集中分布于四大区域,即山东、苏北、皖北地区;豫南、鄂北地区;陕北、晋西北地区;四川、滇东北地区。此外,浙江、重庆、天津等地也有零散遗存。不同地区的汉代画像石在题材内容、雕刻技法、形式风格上都具有其鲜明的区域特色。河南地区的画像石豪放泼辣,雄壮大气,表现出了正统的中原文化特色;山东地区的画像石质朴厚重,古风盎然,主要表现的是儒家道德观的内涵,展现了齐鲁文化特色;四川地区的画像石灵动豪放,俊秀精巧,表现了巴蜀文化的多元性;陕北地区的画像石以精简自然、纯朴华美为主要特点,体现出了陕北文化的边郡特色❷。汉代画像砖则主要集中分布于河南、四川地区。

一、山东、苏北地区汉代画像石

山东地区汉代画像石遍及全省,以鲁南和鲁西南区域最为集中。苏北地区汉代画像石以徐州为中心分布。山东及苏北地区的汉代画像石始于西汉中晚期,盛于东汉中晚期,有墓室、祠堂、石阙和石椁上雕刻的各种类别。画像内容涉及家居生活、生产劳作、孝子列女、刺客义士、羽化升仙、镇墓辟邪、自然天象、神灵祥瑞等。雕刻技法有减地平面雕加阴线刻、浅浮雕、阴线刻、凹面雕加阴线刻、高浮雕、透雕等,其中前三种最为常见。雕刻的画面或分格分栏,或满铺布陈,构图繁复,布局严谨,刀法细腻,造型工整,线条流畅,风格上既有凝重典雅的,又有粗犷奔放的。山东及苏北地区最具代表性的汉代画像石遗存处有:长清孝堂山石祠、嘉祥武氏祠和宋山小祠堂、沂南北寨村画像石墓、安丘董家庄画像石墓、徐州白集画像石墓与祠。

❶ 王洪镇.汉代画像石[M].北京:新世界出版社,2011:8-9.

❷ 李贵龙.石头上的历史:陕北汉画像石考察[M].西安:陕西师范大学出版社,2014:223.

孝堂山石祠位于山东长清孝里铺，据祠中永建四年(公元129年)题记推断，其建于东汉前期。石祠为双开间单檐悬山顶建筑，面阔414厘米，进深205厘米，高264厘米。祠内雕刻有丰富的画像和题记，涉及首龙身神、西王母、日月星辰、风伯、雷公、车马出行、楼阁拜谒、庖厨、乐舞、狩猎、胡汉战争以及孔子见老子、周公辅成王、泗水捞鼎等各类形象与题材，画像中可见"大王车""二千石""孔子""周公""胡王"等题记。从《二千石出行图》可以推测出，祠主应是"二千石"级别的官吏。整个画像石以阴线刻为主，兼有凹面刻，人物多取侧面造型，线条洗练，风格纯朴，平面感较强。

武氏祠位于山东嘉祥武宅村，为东汉晚期武氏家族墓地上的一组祭祀性建筑，共有三座石祠，另加一座石阙，即武梁祠、前石室、左石室和武氏阙。其中武梁祠建于东汉桓帝元嘉元年(公元151年)，为单开间悬山顶石结构祠堂，面阔241厘米，进深157厘米，高240厘米。祠内雕刻的画像分层分栏布局，坡顶石上刻有祥瑞图，东、西山墙的山尖部分分别刻有东王公、西王母仙庭，山墙的山尖以下部分和后墙分为四栏，刻有人类始祖、先贤帝王、孝子列女、刺客义士、车马出行、拜谒庖厨、楼阁人物等内容，并且多处附榜题，标明画像由"良匠卫改雕文刻画"而成(图1-11、图1-12)。武氏阙建于东汉桓帝建和元年(公元147年)，由母阙和子阙构成，通高430厘米。基座、阙身和栌斗多处刻有图像和装饰纹样，并有题刻文字，内容与祠堂画像石中的类似。武氏家族墓地上的三座祠堂和一座石阙中的画像石皆运用了减地平雕加阴线刻的雕刻手法，图像丰富，布局严谨，雕凿精湛，风格凝重沉稳，堪称汉代画像石中的典范。

1978年和1980年，嘉祥县宋山三座汉墓中共出土40块画像石，风格与武氏祠画像石类似。据学者考证复原，这40块画像石原属东汉晚期四座小祠堂。其中1号小祠堂宽约190厘米，高约170厘米，内部雕刻的画像内容非常丰富。正壁刻有楼阁拜谒图，两侧壁上部分别刻有东王公、西王母仙庭，中部刻有历史故事，三壁下部刻有车马出行图(图1-13)。另外，三座小祠堂的规模及图像内容配置，与1号小祠堂大同小异。

安丘画像石墓位于山东安丘凌河镇董家庄，为东汉晚期大型画像石墓，由甬道、前

图1-11　武梁祠西壁汉代画像石(山东嘉祥出土)

中后三室和两耳室组成，全长14米，宽近8米，主室为覆斗顶，耳室为平顶。全墓共用了224块石料修建，其中103块为画像石，画像覆盖面积达400平方米。雕刻手法以浅浮雕为主，部分画像石采用了凹面刻、高浮雕以及透雕手法雕刻而成。画像内容主要有日月星云、人首龙身神、神仙羽人、灵异禽兽、云车出游、乐舞百戏、车马出行、山林狩猎、铺首衔环和历史故事等，画面多以几何纹、花草纹或禽兽纹作为装饰边框。墓内三根立柱上用高浮雕和透雕形式刻画了众多人物形象，造型奇特，手法罕见，图像神秘。

沂南北寨村画像石墓为东汉晚期大型多室墓，长8.7米，宽7.55米。全墓由280块石材砌成，其中画像石有42块，画像总面积达442.27平方米。画像内容有桥上战斗、人首龙身神、东王公、西王母、羽人、祭祀拜谒、车马出行、乐舞百戏、庖厨宴饮和历史故事等（图1-14、图1-15）。画像石采用减地平雕加阴线刻、阴线刻、浅浮雕、高浮雕以及透雕等多种技法雕刻而成，其中以减地平雕加阴线刻为主。画像布局合理，构图严谨，图像丰富，雕刻细致，体现了汉代画像石的高度艺术成就。

徐州青山泉白集汉画像石墓为东汉晚期叠涩顶大型石室墓，墓前立画像石祠一座，共计有画像石24块。画像内容包括宴乐、出行、历史故事、人首龙身神、东王公、西王母、珍禽瑞兽，以及各种装饰纹样。画像石主要为浅浮雕形式，部分石面尚存起稿墨线，细部还见涂朱痕迹。除白集汉画像石墓出土的画像石外，铜山茅村汉画像石墓以及洪楼祠堂出土的汉代画像石也颇具代表性。对比可见，以徐州为中心的苏北地区的汉代画像石更接近鲁南邹城和滕州一带的汉代画像石，以浅浮雕形式为主，风格比较豪放。

图1-12 武梁祠画像石前石室十一正面（局部）（山东嘉祥出土）

图1-13 《楼阙、人物、车马出行图》（山东石刻艺术博物馆藏）

图 1-14　画像石《西王母、公孙子都暗射颍考叔图》（山东石刻艺术博物馆藏）

图 1-15　沂南汉墓前室西壁北侧画像石（山东沂南出土）

二、豫南地区汉代画像石

豫南地区汉代画像石以南阳为中心，包括南阳、唐河、新野、方城等地，最早出现于西汉中晚期，盛行于东汉时期。此地区汉代画像石的题材内容也较丰富，既有展现墓主人生活场景的内容，又有反映儒家伦理道德观念的历史故事，同时还有大量天象、天神地祇、仙人灵异以及镇墓辟邪神怪的内容，其中最富地方特色的是日月星象和天文神话的图像内容。该区出土的汉代画像石多为石灰岩材质，质地疏松、表面粗糙，除早期个别作品采用凹面刻和阴线刻外，绝大部分都是浅浮雕形式。画像构图疏朗、装饰简洁、主题突出、手法洗练、风格粗犷。唐河冯君孺人画像石墓和南阳麒麟岗汉画像石墓为豫南地区具有代表性的汉代画像石墓。

冯君孺人画像石墓位于唐河新店，题记显示为《新莽天凤五年(公元18年)墓葬》。墓室为砖石结构，整体平面视图呈"回"字形。画像石分布于墓门和墓室内，刻画的内容有白虎、朱雀、铺首衔环、蛟龙、二龙穿璧、门吏、楼阁人物、谒拜、乐舞百戏、羽人、蹶张、斗兽、伏虎和驯象等。画像内容丰富、风格豪放、布局疏朗、主题突出。除画像石外，墓中还见有"车库""藏阁"等多则题记。

南阳麒麟岗汉画像石墓是一座东汉晚期墓葬，墓中分布着大量画像石，刻画的内容有羽人、四神、斗兽和乐舞百戏等。画像整体构图疏朗、刻画洗练。墓中前室的顶部由9块画像石组成，构成了一幅巨大的天象神灵图。此图中央是居于中宫太极星的天帝太一，周围是代表四宫的青龙、白虎、朱雀、玄武四神，两边分别为阴阳二神以及北斗七星和南斗六星，其间饰以云气纹，画面飘逸流畅。

三、陕北、晋西北地区汉代画像石

陕北、晋西北地区的汉代画像石盛行于东汉中期，集中在陕西绥德、米脂、神木以及山西离石等地。画像石主要见于墓门，墓内少见。与其他地区的画像石相比，陕北地区的画像石题材较为单一，以牛耕、放牧、狩猎、门吏、车骑出行、日月、西王母、东王公、羽人、四神、铺首衔环等为主要题材。此外，也偶见宴饮乐舞、历史故事和阴阳二神等图像内容。大部分画像石采用减地平雕技法雕刻而成，少数作品采用了减地平雕加阴线刻或墨线勾描的方法进行雕刻。此外，在神木市大保当镇还出土了不少彩绘画像石。陕北地区的汉代画像石构图简练概括，画面干净利落，物象轮廓清晰，犹如剪影效果，风格质朴清新。陕西绥德王德元汉画像石墓、陕西神木大保当东汉画像石墓群和山西离石石盘汉代画像石墓是该地区较有代表性的画像石墓（图1-16）。

陕西绥德王德元汉画像石墓为东汉永元十二年（公元100年）墓葬。墓中出土24块画像石，皆为墓门及各室入口的横额与立柱石，其上刻画内容包括日月、西王母、东王公、羽人、门吏、铺首衔环、朱雀、玄武、独角兽、牛耕、楼阁人物、狩猎、出行、放牧、花草树木等，边框饰卷草纹。雕刻的画面分栏构图，采用减地平雕技法，少有细部线刻，整体效果宛若剪影。

20世纪90年代，考古人员在神木市大保当镇发现14座东汉中期画像石墓，出土画像石60余块。画像内容包括日月、阴阳二神、东王公、西王母、鸡首神、牛首神、羽人、四神、铺首、瑞兽、嘉禾、门吏、狩猎、出行、驯象、楼阁人物、乐舞百戏，以及少量历史故事，常见边饰有蔓草状卷云纹、绶带穿璧纹、波浪纹、菱形纹等。画像皆刻于门楣、门扉和左右门柱之上，采用减地平雕技法雕造，造型简洁大方，细部较少线刻，

图1-16　绥德王德元画像石墓门（西安碑林博物馆藏）

多以颜色涂绘，或用墨线勾勒，风格纯朴，整体感强，极具地方特色。

四、四川地区汉代画像石

四川地区的汉代画像石主要分布在成都平原，多为东汉晚期作品，有墓室画像石、画像石阙、画像石崖墓、画像石棺等类型，其中画像石棺数量最多。画像题材有家居生活、车马出行、生产劳作、镇墓辟邪、神仙灵异、历史故事等，其中以表现神仙世界和阴、阳二神的画像石最具特色。此外，还有佛像等图像的刻画。该地区画像石多采用浅浮雕或高浮雕技法雕刻，画面装饰纹样不多，细部处理较少，具有构图简洁、刀法豪放、造型古拙的特点。四川郫都区画像石棺、简阳鬼头山画像石棺和乐山麻浩一号崖墓画像石刻为四川地区画像石的代表。

郫都区画像石棺的棺盖上刻有龙虎戏璧和牛郎织女，端头刻卧鹿，端尾刻铺首；头挡刻有坐于龙虎座上的西王母；足挡刻有擎举日月并相互交尾的阴阳二神；一侧棺帮上刻有车马临阙门；另一侧棺帮上刻有车马赴仙山，山上可见仙人六博。石棺画像丰富、寓意深刻、风格豪放。

简阳鬼头山画像石棺上刻画的内容较为丰富，且题记明确。棺头挡刻朱雀，足挡刻"伏希（羲）""女娃（娲）""兹（玄）武"，棺左刻"青龙""先（仙）人博""先（仙）人骑""日月""柱铢""白雉""离利"，棺右刻"大苍""白虎""天门""大司"。画像石为浅浮雕形式，造型稚拙、内容丰富。

乐山麻浩一号崖墓为东汉晚期大型崖墓。画像石主要以浅浮雕形式雕刻于墓门处和前室，内容有朱雀、瑞兽、门吏、建筑、乐舞、垂钓、牵马、拉车、迎谒、仙人六博、玉兔捣药、蟾蜍、佛像、僧人，以及荆轲刺秦王、孝子董永等❶。

第四节 | 汉代画像石的题材

由于汉代历史条件和人们思想认识的局限，各类汉代画像石的题材基本围绕鬼神信

❶ 贺西林．汉代画像石与画像砖 [C]．王明明：《大匠之门（24）》．桂林：广西师范大学出版社，2019：57-65.

仰以及墓主人现实生活的追求和再现为主体。俞伟超先生在其研究论述中将汉代画像石的题材分为天象、鬼神、祥瑞、帝王先贤的故事、体现墓主人身份的车马出行图、墓主人的农田作坊、墓主人生前的社会活动以及装饰纹带八大类。汉代画像石系统形象地反映了汉代的政治、经济、文化和社会风情,具有珍贵的研究价值与学术价值,与汉代体育娱乐活动相关的内容也体现在其中。

综合来看,汉代画像石的题材丰富多样,大致可以分为丰富多彩的现实生活、垂范后世的历史故事和雄奇瑰丽的神仙世界三类。

一、丰富多彩的现实生活

汉代画像石中刻有大量反映现实生活场景的画面,内容涵盖诸多方面,如车骑出行、迎宾拜谒、庖厨宴饮、乐舞杂技、钟鸣鼎食、六博对弈、驰逐狩猎、射御比武、捕鱼田猎、亭台楼阁、门卒侍卫等。画像石上的图像反映出墓主人生前拥有的各种财富资产情况,从山林田池到宅第高楼等,将这些内容都汇总起来便可构成一幅完整的《庄园经济图》,也是墓主人生前设想过的生活方式的物质基础。同样地,这种崇尚财富的观念也被移植到人们想象的仙境之中。

在汉代,车马和服装的使用都有制度规定,《后汉书·舆服志》中记载了东汉的车、服制度,以此为依据我们能够从画像石上的各组车马出行图中判断出祠堂或墓主人的大致身份。多数祠堂或者墓葬的画像石中只有一组山行图,一般而言,这是表现主人生前最高身份的。❶ 而有时为了表示墓主人生前曾参加过某次特殊活动,会在画像石上专门增加一组出行图(图1-17)。

图1-17 画像石《车马出行图》 (江苏徐州出土)

15

---

❶ 中国画像石全集编辑委员会.中国画像石全集(1)[M].济南:山东美术出版社,2006:12.

汉代画像石中刻画的农田、牧场和作坊图像，反映了西汉晚期越来越占主导地位的自足自给的庄园经济面貌，显示了墓主人的经济状况和地位。此外，画像石中还刻有众多的狩猎图，既可以解读为墓主人在自己庄园中的山林进行狩猎娱乐活动的场景，也可以解读为庄园中劳作的农民在休闲时集体围猎或习武娱乐的场景。而画像石中刻画的百戏、投壶、蹴鞠和建鼓舞等体育娱乐活动则是对墓主人现实生活的再现。

汉代体育娱乐活动在汉代灿烂的文化长河中独树一帜，奠定了我国封建社会体育娱乐活动发展的基础。汉代画像石中刻画的体育娱乐题材的图像，就是我们今天了解汉代社会生活的"化石"。近百年来，我国考古工作者在全国各地发掘出不少汉代文物，特别是汉代画像石的发现，为研究汉代社会文化提供了许多史籍所没有的具象资料，丰富了我们对汉代社会的认知。从画像石中我们可以发现在文字史籍中看不到的汉代人们的生活场景的内容，其中有大量反映汉代娱乐、军事等内容的体育活动画像，这些画像题材广泛，造型质朴生动，主要包含射箭技艺、武术练习、蹴鞠活动、军事训练、娱乐杂技等类别。除此之外，还有乐舞、百戏等包含体育因素的娱乐活动，这些内容除了对后世的体育项目产生了深远影响之外，对许多杂技演艺项目也产生了深远的影响，如汉代百戏中的"角抵戏"对后世戏剧的形式和内容的影响等。

汉代画像石的题材广泛、图像生动，从多角度反映了汉代社会生活的面貌，并且其中不少内容涉及体育娱乐活动方面，为我们研究汉代体育娱乐活动的发展状况提供了宝贵的图像资料，帮助我们更加清晰地了解汉代体育娱乐活动的全貌。

二、垂范后世的历史故事

汉代先民思想较为活跃并且有了崇拜之心，虽然统治者推崇"罢黜百家，独尊儒术"，但在新儒学占社会思想主导地位的同时，道家思想和民间宗教也十分活跃。社会中占主导地位的道德规范，必定适应于一定的经济基础。自西汉中期至汉末，大土地所有制迅速发展，"君为臣纲、父为子纲、夫为妻纲"和"仁、义、礼、智、信"的伦理道德规范，正好适应了当时的经济基础。古代帝王明君、圣贤和忠臣、孝子、烈士、贞女等历史人物，以及相关故事都是汉代画像石的表现内容，便是基于这种历史逻辑性决定的。伏羲和女娲作为人类始祖在汉代画像石的图像中出现了很多次，其他帝王如祝融、神农、黄帝、唐尧、虞舜、大禹和夏桀等也都是其刻画内容。画像内容还包括周公辅成王、孔子见老子、蔺相如完璧归赵、二桃杀三士(图1-18)、荆轲刺秦王等典故，还有曾参等孔子弟子、贞女梁高行、齐桓公夫人卫姬等人物画像，也有以长卷形式表现历史故事的，常见的是对秦始皇泗水

图 1-18　画像石《二桃杀三士图》（河南博物院藏）

捞鼎、胡汉战争等历史故事的刻画。汉代人们在接受君君臣臣、父父子子、忠君孝亲的伦理道德束缚和对贤君明臣、武功爵勋顶礼膜拜的同时，对天、地、山、川等自然事物也尊崇有加。他们认为万物有灵，对从天上到地下的一切生物都怀有敬重之心。

三、雄奇瑰丽的神仙世界

早在远古时期，人类便自感力量渺小，对一些无法解释的自然现象感到恐惧，认为万物有灵，进而产生了自然崇拜，或者想象出超自然的神灵，或者将自然界的生物设为族群或地域的图腾而加以崇拜，在日常生活中进行拜祭。例如，汉代画像石中的伏羲和女娲画像及伏羲、女娲人首蛇身相交(图 1-19)。汉代画像石中刻画的神仙画像多源自人们的宗教信仰，如西王母和东王公。西王母本是长江流域人们的信仰，认为昆仑山是天帝下都、百神所居，山上有不死药，登临者即为神。另外，汉代画像石中有青龙、白虎、朱雀、玄武四神，有传说中抟土造人，炼石补天，创造天、地、人的始祖女娲，有玉兔捣药、神兽守鼎，有随车出行的九头人面兽——开明兽，也有三足乌、九尾狐、灵芝、麒麟、天神羽人、奇禽异兽等。汉代画像石中还出现了多种祥瑞图，如黄龙、神鼎、比目鱼、比翼鸟、木连理、玉英、白马、巨畅等，象征着天降祥瑞。祥瑞思想主要反映了占统治地位的儒家学说的天人感应和谶纬学说，它的流行基于多方面的原因：最高统治者为了标榜自己的仁政，得天下之顺天意；王公大臣为了歌颂最高统治者，标榜吏治清明，以谋取富贵；广大的社会中下层群众则多是为了希望得到有道明君，过上安康生活。汉代画像石中关于鬼神题材的内容有很多，其中不少刻在石墓的门扉上，如辟邪驱鬼的神荼、郁垒，以及传说中生活在天上世界的神仙。人们为了死后能够得道升仙，充

图 1-19　画像石《伏羲女娲图》（山东嘉祥出土）

满想象力地把龙、虎、鹿等动物作为升仙时的骑乘工具。这些画像内容表达了墓主人希望死后能升仙和享受仙境生活的强烈愿望，而这种仙境生活实际上就是墓主人生前现实生活的延伸和继续。

综合而言，汉代画像石内容丰富、取材广泛，从不同的角度反映了汉代的社会状况、风土民情、典章制度和宗教信仰等，不仅是精美的古代石刻艺术品，也是研究汉代政治、经济、文化的重要资料。在汉代画像石中，可以看到它是极其包容性的，难怪鲁迅先生赞叹汉代画像石艺术之"深沉博大"。

第五节 | 汉代画像砖概述

画像砖最早出现于战国时期，至秦代有了一定发展，西汉中期逐渐增多，至东汉时期达到鼎盛。考古发现，战国至秦这段时间的画像砖通常用于装饰宫殿，而汉代画像砖则主要用于砌筑墓室。汉代画像砖分为空心砖和实心砖两种，雕刻画像砖采用的技法有阴线刻、阳线刻、凸起平面雕和浅浮雕等几类。河南和四川是汉代画像砖分布最集中的地区，两地出土画像砖数量巨大，特色鲜明，达到的制作水平和艺术成就最高。

一、河南地区的汉代画像砖

河南地区的汉代画像砖集中分布在三个区域：一是豫西的洛阳；二是豫中的郑州、禹县、新密；三是以南阳为中心的豫南。洛阳出土的画像砖大多为西汉时期的作品，主要是大型空心砖，画像砖内容有武士、射猎、牵马等，题材单一、构图简略、线条硬朗。郑州、禹县和新密出土的画像砖主要为西汉中晚期到东汉早期的作品，大多为空心砖，画像砖多由数个小印模压印而成，表现技法为阳线刻或凸起平面雕，题材单一但画面繁复，常见图像内容有凤阙、山峦、乐舞、射猎、戏虎、搏击、车马、西王母、铺首衔环、禽兽灵异等。以南阳为中心的豫南是汉代画像砖最盛行的地区之一，从西汉中晚期到东汉前期，画像砖一直都很流行。豫南画像砖有空心砖和实心砖两种，基本为一模一砖，画像多为浅浮雕或浅浮雕加阳线刻，题材有社会生活、历史故事、神仙灵异、图案纹样等内容，雕刻手法洗练，画面主题突出(图1-20)。

图 1-20　画像砖《斜索戏车图》（河南新野出土）

二、四川地区的汉代画像砖

　　四川地区的汉代画像砖盛于东汉后期，主要分布在成都、德阳、彭州等地。四川地区的汉代画像砖皆为实心砖，采用脱模法制成，形式为浅浮雕和浅浮雕加阳线刻。四川地区的汉代画像砖题材广泛、内容丰富，有庭院楼阁、车骑出行、宴乐百戏、播种收割、渔猎采桑、盐井酒肆、阴阳二神、西王母仙庭、天门与司命、四神等。此外，还见有少量与早期道教有关的图像内容。四川地区的汉代画像砖构图简练、体积感强、线条流畅，风格清新明快。在四川大邑县出土的一块舞乐杂技画像砖，采用脱模法制成，造型简练生动，块面结构分明，浮雕感很强，画面中展现了汉代流行的盘舞、叠案和跳丸等活动。成都出土的一块斧车画像砖则以线造型，简洁洒脱，极富动感。郫都区出土的一块盐井画像砖（图1-21）上的内容展现了汉代采盐、制盐过程，画面以线面结合的手法塑造出层峦叠嶂的群山，以及活动于其中的人物和动物，层次感非常鲜明。❶

图 1-21　画像砖《制盐》（郫都区文物保护管理所藏）

---

❶ 贺西林. 汉代画像石与画像砖 [C]. 王明明：《大匠之门（24）》. 桂林：广西师范大学出版社，2019：57-65.

第二章

汉代画像石
盛行的原因

汉代画像石的产生和发展是一种社会文化现象，是特定历史阶段的产物，其反映的是汉代社会、经济、政治和主流思想，以及由此形成的墓葬制度与习俗。

第一节｜汉代画像石盛行的思想与经济基础

汉代画像石作为汉代厚葬习俗的产物，它的出现有着一定的思想和经济基础。

一、汉代画像石盛行的思想基础

"生死不满百，常怀千岁忧"。一方面，汉初统治者热衷于神仙传说，追求长生不老、永享极乐。当神仙不可见，长生不可得时，他们开始追求"死即再生"的观念，希望生时能极尽人世欢娱，死后还能继续享受。于是，墓室成了墓主人生前环境的缩影。另一方面，汉代提倡"以孝治天下"，而行孝的大端，又无过于养生，生极其欲，死更厚葬。在《后汉书·荀淑传》中便有"汉制使天下诵孝经，选吏举孝廉""以视天下莫遗其亲"的记载，花钱为死者建造墓、阙、祠堂是孝的表现。《盐铁论·散不足》中也有相关记载："今生不能致其爱敬，死以奢侈相高；虽无哀戚之心，而厚葬重币者，则称以为孝，显名立于世，光荣着于俗。故黎民相慕效，至于发屋卖业。"可见只要丧葬能竭尽全力，并将花费刻于石上，以告生者、死者就被看作是至孝的行为。这是汉代画像石得以产生的思想基础❶。

二、汉代画像石盛行的经济基础

西汉王朝建立后，鉴秦之弊，实行休养生息的政策，社会经济得以恢复，国力逐渐强盛起来。据《汉书·食货志》记，汉兴以来，"至武帝之初七十年间，国家亡事，非遇水旱，则民人给家足，都鄙廪庾尽满，而府库余财。京师之钱累百巨万，贯朽而不可校，大仓之粟陈陈相因，充溢露积于外，腐败不可食。众庶街巷有马，阡陌之间成群"❷。虽有溢美之词，但也可以看出当时社会经济得以恢复和发展的情形。汉初实行休养生息政策70年后，

---

❶ 王洪震.汉画像石[M].北京：新世界出版社，2011：2.
❷ 班固.汉书[M].北京：中华书局，2012：1040-1041.

终于迎来汉武帝刘彻统治的全盛时期。汉武帝时期，在逐步积累稳固的经济政治基础上，进一步加强了中央集权，开拓疆土，实行国家垄断冶铁、煮盐、铸铁等行业的经济政策，一个统一的多民族中央集权国家得到巩固和发展，雄厚的财富积累也使厚葬成为一种风气。社会生产和物质文化生活发展明显的变化以及铁器时代的到来，也为汉代雕刻画提供了得心应手的工具。自西汉中期以来，汉代大土地所有制的地主经济得到了发展，各地具有建造画像石墓室和祠堂经济实力的社会阶层及豪门群体发展壮大起来，为汉代画像石墓葬的兴盛提供了经济基础。根据《后汉书·仲长统传》的记载，"豪人之室，连栋数百，膏田满野，奴婢千群，徒附万计，琦路宝货，臣室不能容；马牛羊豕，山谷不能受"。文中描述的场景在汉代画像石中也有明显体现，这种膨胀发展起来的大土地所有制的封建地主经济更推动了汉代厚葬之风和画像石墓的盛行。

第二节 | 汉代的墓葬制度

汉代画像石的盛行出现在汉武帝统治以后的时期，这种现象的产生并非偶然。随着社会经济的发展和社会生活领域发生较大变化，整个汉代的墓葬制度礼俗也发生了显著的变化。通过各地发掘的大量考古资料可以看出，在汉武帝时期以前的西汉早期，墓葬的土圹竖穴、棺椁制度与随葬器物组合等方面，都还较多地保存着战国时期墓葬礼制的遗风，而到汉武帝时期以后，各种砖、石砌的洞室墓，开凿岩石的石圹墓、崖洞墓，以及以石代木的石椁墓等，也都开始涌现出来。汉代墓葬形制结构的变化发展则越加趋向仿效生活居住的宅第建筑。墓葬建筑也被称作"宅""室""室宅"等，在汉代画像石墓的题铭中有明确记载。在墓内的随葬器物方面，则打破了成组的陶、铜器（如鼎、豆、壶）等固定组合，增加了各种日常生活用品，如现实生活中的各种楼阁、仓房、灶、井、磨、厕圈以及鸡、鸭、猪、狗等物象的模型器物。之后，这种变化愈演愈烈，凡生活中衣、食、住、行等象征之物皆可纳入墓葬之中。因此，汉代的墓葬制度和随葬器物变化发展的总趋势都是更加仿效或贴近现实生活。

画像石墓是这种变化趋势中一种顺应潮流的扩展或延伸，尤其是早期汉代画像石墓中所刻画表现的内容，无论是在鲁、苏北地区还是河南南阳地区，都刻画有门阀、厅堂、树木、人物和车马等内容,不仅题材简单,而且更主要的是都是仿效了现实生活的图像。这种早期汉代画像石所呈现的初始萌动态势,完全和墓葬习俗变化的趋势一致,而这些画像石在一定程度上就是随葬品的代替、扩展或延伸。汉代画像石产生以后,由于这种艺术形式和其本身"寿如金石"的特点,在当时的丧葬礼俗中有着独特和不可替代的地位。之后其影响不断扩大,并越来越为上层社会的人们所采用,更加推动了它的发展,使其内容和形式更加丰富多彩。

影响汉代墓葬礼俗发生变化和汉代画像石产生以及发展的原因,则是随着社会发展而产生的思想观念的变化与汉代厚葬之风的盛行。自春秋、战国时期以来,天道观的衰弱和抑天尚土、人本思想的兴起,进一步体现在汉代社会的思想意识和人们的生死观上。人们对天和天命的敬畏心理逐渐淡化,转而重视"人"本身,以及重视人们赖以生活的土地或者其他物质因素。这种"抑天尚土"的人本思想,不仅经过了先秦诸子百家的论说,更付之于政治主张和社会实践中。战国时期以来,从诸侯兼并战争,到秦皇、汉武时期建立和巩固统一帝国,这种社会历史的演变,更促使人们从感性和理性上接受尚土观念和人本思想,并由此形成了汉代"重本抑末"的思想。西汉武帝时期以后,在墓葬制度方面发生的重大变化,以及在此变化中产生的汉代画像石墓,也印证了这一点。由此可见,汉代墓葬制度礼俗变化的趋向,以及推动种变化发展的社会厚葬观念和风气,都和人本思想的发展有关,也说明人们的关注重点逐步转向了现实生活和自身。汉代人们所谓"事死如生""事亡如存"的厚葬观念和行为反映了其对自身的重视和企图通过墓葬对人生进行仿效再现,这些也可以从汉代画像石内容和艺术形式的整体面貌特征上体现出来。汉代画像石上所刻画的不再是神秘的图像,而是充满人间生活趣味和主观愿望动的活泼艺术形象。

汉代社会的厚葬风气更加推动着墓葬制度的变化与画像石艺术的发展。汉武帝采纳董仲舒的建议"罢黜百家,独尊儒术",儒家思想学说在汉代社会政治、思想中逐步占据了主要地位。儒家提倡的"以孝为仁之本"的思想和三纲五常的伦理道德规范,适应了汉代大土地所有制迅速发展的经济基础,符合为巩固这种封建家族关系和社会统治秩序的需要。因此,"孝"的思想和"孝亲"的行为,更受封建统治阶级推崇和重视。东汉时期尤重"孝悌",选拔官吏推行"举孝廉"制度,而"孝"的一个突出表现就是对父母等先人奉行厚葬。因而人们"崇饰丧纪以言孝,盛缯以求名"❶,通过大操大办的厚葬以博取"孝"的

---

❶ 王符.诸子集成(8)潜夫论[M].上海:上海书店出版社,1986:91.

美名,从西汉时期至东汉末期,社会上出现了"世以厚葬为德,薄终为鄙"的现象❶。渐渐地,推行厚葬的风气越来越炽盛,尤其是在封建统治阶级中,出现了"京师贵戚,郡县豪家,生不极养,死乃崇丧。或至刻金镂玉,襦梓楩柟,良田造茔,黄壤致藏,多埋珍宝,偶人车马,造起大冢,广种松柏,庐舍祠堂,崇侈上僭"❷的场景。不仅汉代的贵族豪门如此,也包括中产之家,甚至"边远下士,亦竞相仿效"。正是在这种"崇饰丧纪以言孝"的厚葬风气之中,用画像石营造的墓室、堂等墓葬建筑物得以发展兴盛起来。

---

❶ 班固. 汉书 (卷 1) [M]. 北京: 中华书局, 1956: 51.

❷ 王符. 诸子集成 (8) 潜夫论 [M]. 上海: 上海书店出版社, 1986: 57-58.

第三章

汉代画像石
中的射艺

射艺即射箭技艺，我国可以追溯的有关射箭技艺的记载非常久远。根据旧石器时代文化遗迹的出土文物考证，28000 年前，我国就有了石镞，弓矢的使用至少可以上溯到人类的旧石器时代。此后，弓箭的使用经历了漫长的时间，旧石器时代的射箭活动主要是作为人们获取生活物品的手段而盛行的。奴隶社会时期的射艺以礼治教化为主要目的，练武和健身等体育活动在当时居于次要地位。

早在周朝(始于公元前 1046 年)，周王官学便要求学生掌握六种基本技能，即礼、乐、射、御、书、数。《周礼·地官司徒·保氏》中记载："养国子以道，乃教之六艺：一曰五礼，二曰六乐，三曰五射，四曰五御，五曰六书，六曰九数。"在军事射箭技术方面有"五射"，即白矢、参连、剡注、襄尺、井仪。白矢，箭穿靶子而箭头发白，表明发矢准确而有力；参连，前放一矢，后三矢连续而去，矢矢相属，若连珠之相衔；剡注，谓矢行之疾；襄尺，臣与君射，臣与君并立，让君一尺而退；井仪，四矢连贯，皆正中目标。在孔子所倡导的儒学中也大力推崇"六艺"，其中自然包含了射箭技艺，《论语》中也记载："君子无所争，必也射乎，揖攘而升，下而饮，其争也君子。"因此，射艺不但是一种体育活动，更是一种修身养性和培养君子风度的方法。特别是自赵武灵王胡服骑射后，既改变了军事装备，也改变了军事战术，骑兵战术代替了车战战术，"万乘之国"变为"万骑之国"，骑兵成为军中的主要兵种，于是骑射成为军中的重要技能，到了汉代的战争中更是如此。

第一节 | 射艺在多种画像石题材中的展现

汉代射艺除了在实践运动中有了很大的发展，理论上也得到了进一步的总结，仅《汉书·艺文志》中记载的射艺技法就有六部，共三十篇内容之多，包括"逢门(即逢蒙，师古注)射法二篇""阴通成射法十一篇""李将军(李广，师古注)三篇""强弩将军王围射法五卷""望远连弩射法具十五篇"❶等，该书也是兵书中记载资料最多的"技术书"。这从侧面说明了汉代社会对射箭技艺的重视和射箭活动的广泛开展。通过对汉代画像石图像的调查考证发现，汉代画像石中与射箭运动相关的内容主要有狩猎、战争、习射和出行等场景。

---

❶ 班固.《汉书》[M]. 北京：中华书局，2012：1556.

一、战争题材中的射艺

在汉代画像石中有较多内容刻画了胡汉战争的场景，其中有大量的人物运用弓射、弩箭的画面，如画像石《胡汉战争图》之一（图3-1），画面中小桥的左侧，有两名胡兵引弓欲射，其中一人为站姿，另一人为蹲姿。这幅画像石反映了汉代的战争场景，也反映出弓箭在汉代战争中得以广泛应用。

图3-1　画像石《胡汉战争图》之一（山东嘉祥出土）

由于战争的需要，弓箭的大量使用使汉代射艺技术进一步提高。同时，射箭活动也出现在汉代社会生活的诸多方面，如体育休闲、社交活动、教化育人、技能教育等方面，且地位日渐重要，逐渐成为一项具有特色的汉代传统活动形式。这首广为流传的唐诗《塞下曲》即汉将军李广射箭高超技艺的写照，"林暗草惊风，将军夜引弓。平明寻白羽，没在石棱中"。《西京杂记》(卷五)<金石感偏>对此也有详细记载："李广与兄弟共猎于冥山之北，见卧虎焉。射之。一矢即毙。断其髑髅以为枕，示服猛也。铸铜象其形为溲器，示厌辱之也。他日，复猎于冥山之阳，又见卧虎，射之。没矢饮羽。进而视之，乃石也，其形类虎。退而更射，镞破箭折而石不伤。余尝以问杨子云，子云曰：'至诚则金石为开。'"画像石《胡汉战争图》之二(图3-2)的画面再现了两军对垒争战的大型场面，双方在桥上和桥下分陆、水两路展开激烈拼杀，双方都有战车、骑兵和步卒，士兵手执弓箭、戟、钩镶、盾和刀剑等武器。

汉代十分重视远程兵器的使用，弩则是当时最为优良的兵器选择。据《汉书·晁错传》记载："劲弩长戟，射疏及远，则匈奴之弓弗能格也；坚甲利刃，长短相杂，游弩往来，什伍具前，则匈奴之兵弗能当也[1]。"这足以证明射艺在汉代军事战争中的重要地位，也说明了弩射的力量和作用。出土于陕西省绥德县白家山汉墓的画像石《胡汉战争图》之三(图3-3)，采用了平面减地阳刻加彩绘的技法，生动地展现了战争中的景象：在人仰马翻

---

[1] 班固.《汉书》[M]. 北京：中华书局，2012：1990.

的厮杀中，有中箭伏于马背逃命者，有尸首分离被抛于荒原者，有挑敌首欢呼者。尤其是画面左侧的刻画更为生动，有一骑兵纵马驰骋，引弓搭箭，另有两步卒依靠地形挽弓射敌，阻击敌人。

汉代文献中有很多关于军队射艺训练的记载，如《汉官六种》中对军队士兵练习射艺的情况描述道："民年二十三为正，一岁为卫士，一岁为材官、骑士，习射御、骑驰、战阵。"《后汉书·窦融列传》中也有"修兵马，习战射"的记载。画像石《骑射图》(图3-4)的画面中刻画了在众马匹的疾驰追逐中，两骑兵在马上转身引弓欲射的情景，两人皆把弓拉至最大限度。在疾驰狂奔的马上尚能做出回马箭的动作，充分显示了汉代骑兵高超的骑射技艺。

图3-2　画像石《胡汉战争图》之二（山东嘉祥出土）

图3-3　画像石《胡汉战争图》之三（陕西绥德出土）

二、狩猎活动中的射艺

射艺是汉代狩猎活动中常见的技艺。一方面，可以通过狩猎检验士兵的射艺水平，提升射艺实战能力；另一方面，射艺在汉代也是王公贵族进行娱乐和休闲活动的一种重要方式。因此,射艺在狩猎活动中具有娱乐和教化训练的双重功能。《西京杂记》(卷四)记有:"茂陵文固阳,本琅琊人,善驯野雉为媒,用以射雉。每以三春之月,为茅障以自翳,用魰矢以射之,日连百数。茂陵轻薄者化之,皆以杂宝错厕翳障,以青州芦苇为弩矢,轻骑妖服,追随于道路,以为欢娱也。阳死,其子亦善其事,董司马好之,以为上客。"这说明了汉代民间射艺水平的高超和射箭活动的普。画像砖《射猎图》(图3-5)出土于河南登封的登封少室阙,画面中有两名骑马男子在射杀同一猎物,纵马飞奔,前面一人回身射箭,正中猎物颈部,而后面追赶之人也搭箭引弓准备射杀。画像砖《射鹿画》(图3-6)中则刻画了一名射手纵马逐鹿,拉弓欲射的场景。画面中运用了简洁的线条,刻画出奔逃的鹿、纵马的狩猎者以及惊慌的飞鸟等对象,展现了令人紧张的射猎场景。

图3-4　画像石《骑射图》(安徽出土)

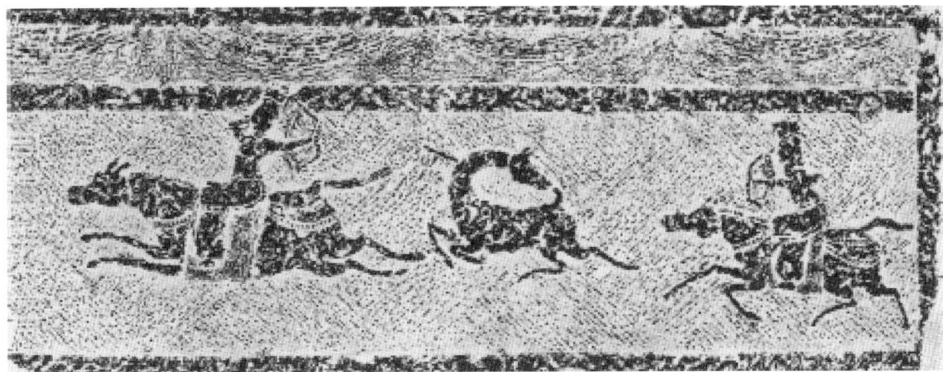

图3-5　画像砖《射猎图》(河南登封出土)

三、特殊的射艺——弋射

汉代还有一种特殊的射箭技艺,即弋射,是指专门以飞禽为对象的射箭技艺。弋射也称"矰射""缴射","缴"为拴在箭上的细绳,"矰"为带有细绳的短箭,"弋"为用绳系在箭上进行放射❶。

汉代的弋射有两种方式,一种是绳线和磻石相连的方式,另一种是绳线和弓相连的方式。绳线和磻石相连的方式不宜射箭人移动,而绳线和弓相连的方式便于射箭人移动,但携带绳线不方便。由于连接方式不同,射箭时的姿势也不同。如画像石《弋射图》(图3-7)中的射箭人采用的是便于移动的立姿❷,而画像砖《弋射、收割图》(图3-8)中的射箭人采用了不需要移动的跪姿。画像砖《弋射、收割图》出土于四川成都,在画面上层中,水岸边有两人跪坐,举弓射鸟,明显可见其箭矢与一长绳相连,画面下层则刻画了六名农夫收割的场景。

图3-6　画像砖《射鹿画》(河南郑州出土)

图3-7　画像石《弋射图》(河南南阳出土)

四、射艺在汉代的普及

汉代统治者对于士兵徒步射箭的技艺也很重视,把弓弩列为"五兵"之首。《后汉书·百官志》中记载有"亭有亭长,以禁盗贼",注中引《汉官仪》道:"亭长皆习设备五兵:弓弩、戟楯、刀剑、甲铠、鼓。吏赤帻行縢带剑佩刀持楯披甲,设矛戟习射。"

在汉代,下级官吏及民众都要接受射箭训练,并有专门掌管习射的"仆射","古重习武,

图3-8　画像砖《弋射、收割图》(四川成都出土)

---

❶ 陈安槐、陈萌生.体育大辞典[M].上海:上海辞书出版社,2000:886.

❷ 刘朴.汉画像石中的体育活动研究[M].北京:人民出版社,2009:53.

有主射以督录之,故曰仆射"❶。东汉学者卫宏在《汉官旧仪》中记载:"民年二十三为正,一岁而以为卫士,一岁为材官骑士,习射御骑驰战阵。八月,太守、都尉、令、长、相、丞、尉会都试,课殿最。"❷也就是说,汉代男子满二十三岁就要入伍当兵服役,在本郡或本国内服役一年,之后在本郡或本国之外的地方服役一年,或者守卫京师,或者屯扎边境。而在服役期间,学习射御、骑驰、战阵等作战技能。每年八月,本郡国诸位官员考核士卒们的训练成果,并排定名次。在画像砖《习射图》(图3-9)的画面中,二人穿着阔袖长袍,显然是官吏在练习射箭的场景。

同时,在画像石《射箭靶练习图》的画面中(图3-10),一人立姿持弩箭,欲射前上方圆形的靶子,说明汉代已有了专门提高精准度的射箭练习。

从画像石《女子习射图》(图3-11)中可以看出,汉代女子也参加射艺活动。该画像石的画面描绘了女子正在练习射箭的场景,画面中一位穿长裙的女性正在习射,其身后三位女性垂手而立,似在按照轮次等候射箭。而对此画像石的解读中,《嘉祥汉代画像石》的著者朱锡禄认为,这位长裙女性的目标是其前方正对女子所背的篓子,其中一箭已经中篓。

图 3-9 画像砖《习射图》(四川德阳出土)

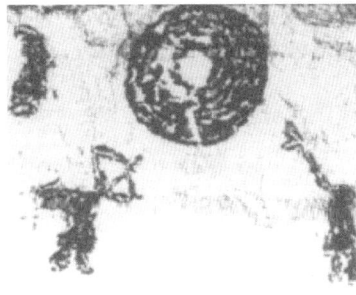

图 3-10 画像石《射箭靶练习图》(山东枣庄出土)

图 3-11 画像石《女子习射图》(山东嘉祥出土)

---

❶ 章惠康. 后汉书:文白对照(五)[M]. 北京:华夏出版社,2012:1893.
❷ 主要记述皇帝起居、官制、名号职掌、中宫及太子制度、二十等爵等内容,是研究汉史的重要资料之一。

第二节 | 射艺的姿势和蹶张

一、射艺的姿势

汉代画像石中刻画的射艺姿势众多,主要有立射、跪射、坐射、反身射等射箭动作,其中包括拉弓射箭时的情形,也有持弩瞄射的情形。在画像石《折腰射鸟图》(图3-12)的画面中,一棵大树上栖有三鸟,一射箭人立于树下,梳高髻,着长襦大裤,折腰反身仰射,呈双腿开立姿势,用力拉满弓。

射艺作为汉代娱乐休闲活动或者捕获猎物的手段,社会各阶层普遍参与其中。在画像石《坐姿射鸟图》(图3-13)的画面中,一狩猎者持弩坐于地上,有四只飞鸟从狩猎者前飞过,狩猎者举弩欲射。

在画像石《射鸟、拜谒、出行图》(图3-14)的画面中,左侧有一棵连理树,树下有一带顶轺车,轺车顶上站一人,下身呈高弓步姿势,转身拉弓欲射,树上的一些飞鸟被惊起。其动作与折腰射箭的动作有些相似,但动作重心相对较高。画面右侧则描绘的是拜谒场景:下层描绘了车马出行的场景,有轺车三辆,均配有伞盖,中间有两名骑手,骑手肩扛幡旗,紧随其后的是两个跑步的伍伯,肩负梃杖,其中一人吹管状乐器,似号令。整幅画面刻画出了马匹飞奔以及伍佰紧随不舍的急行军场景。

图3-12 画像石《折腰射鸟图》
(河南南阳出土)

图3-13 画像石《坐姿射鸟图》(山东平邑出土)

在画像石《弋射、娱乐图》(图3-15)中，画面中间有一棵树，树上有鸟，树下站有一人张弓弋射，身旁有一人在观看。画面右侧描绘了二人建鼓舞、二人持械搏击，以及观看斗鸡娱乐的场景。此画将多种形式的娱乐活动汇集到一起，显示出墓主人生前生活的优越。

在画像石《虚步仰射图》(图3-16)中，画面左侧有一棵大树，有多只鸟在树上栖息或在空中飞翔，树下一人呈半虚步姿势，抬头仰视，举弓引弦，上射飞鸟。在射猎者身后有一人，手提被射落的飞鸟，显示出了射猎者射箭技艺的高超，收获颇丰。画像石《射鸟图》(图3-17)的画面中间为一棵连理树，树的两侧各栖一只大鸟，另有身形较小的十二只鸟散布树间，在树的枝干下还有一人张弓搭箭，作瞄射姿势。

画像石《立姿仰射图》(图3-18)现存于山东曲阜孔庙，画面中央刻有一棵大树，树上栖息有两鸟，树下有两人张弓射箭，二人均抬头仰视，自然站立，状态比较自然放松。

图 3-14　画像石《射鸟、拜谒、出行图》（山东嘉祥出土）

图 3-15　画像石《弋射、娱乐图》（江苏徐州出土）

图 3-16　画像石《虚步仰射图》局部（江苏徐州出土）

图 3-17　画像石《射鸟图》（四川新津出土）

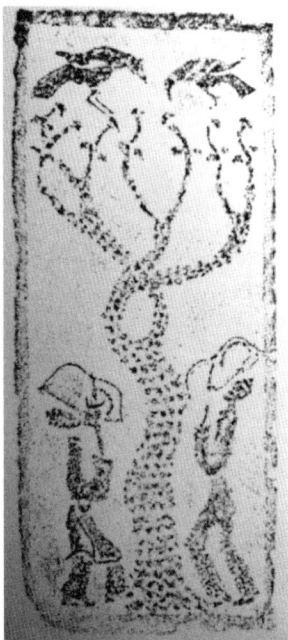

图3-18　画像石《立姿仰射图》
（现存山东曲阜孔庙）

图3-19　画像石《跪姿仰射图》
（山东邹城出土）

画像石《跪姿仰射图》(图3-19)刻画的是神话世界的场景，虽然画面整体是由神仙、仙树和凤凰构成的，但画面中的众多其他元素依然是对现实世界的反映。画面中展示了汉代射艺中的跪姿仰射的姿势，画中有二虎共用一颗头托起一棵仙树，树下两侧各有一人手执弯弓，身体呈跪姿，引弓仰射。从射箭动作来看，采用跪姿时身体相对比较稳定，有利于提高射箭的稳定性。

二、蹶张

强弩往往需要有力气的力士才能拉开，蹶张也就应时而生。蹶张，亦作"𪩘张"，简而言之就是开弩。以脚踏强弩，使之张开，可谓勇健有力。《史记·申屠嘉传》中记载道："申屠嘉以材官蹶张。"《史记集解》中对"蹶张"引如淳的注解是："材官之多力，能脚蹋强弩张之，故曰蹶张。律有蹶张士。"也就是说，勇健有力，能拉开强弩的人才能成为蹶张士，也就是材官❶。在汉代画像石的人物画中有多种形式的蹶张的刻画，人物大致可分为三种姿势，即立张、坐张和臂张。

画像石《蹶张惊熊图》(图3-20)中的力士短衫高髻，背插箭矢，双脚踏弩，身体呈半蹲状，双手拉弓弦。双腿肌肉突起，显示其力量之大。画面左侧有一熊树耳直立，瞪目结舌，转身欲跑，并回头张望，整个画面意在刻画熊被材官的力量所震慑，表现材官力量之大。整个画面既充满张力，又显得趣味横生。

画像石《衔箭蹶张图》(图3-21)中有一力士口衔一支箭，赤膊上身，赤脚踏弩，下半身呈深蹲姿势，双手奋力拉弓弦，整个动作充满了力度，呈现出健硕勇武之态。

画像石《负箭蹶张图》(图3-22)中的力士正在努力拉

❶ 刘秉果，赵明奇.汉代体育 [M].济南：齐鲁书社，2009：69.

图 3-20　画像石《蹶张惊熊图》（河南唐河出土）

开一张弓弩，口衔箭支，身后背有六支箭箙，同时怒目圆睁，似聚全身之力开一强弩，整个画面充满张力。

在各地发掘的汉代画像石中，刻画有不少的力士蹶张场景，既显示了汉代射艺的普及，又彰显了汉代社会崇武尚力的社会风气。

图 3-21　画像石《衔箭蹶张图》（河南方城出土）

图 3-22　画像石《负箭蹶张图》（河南南阳出土）

第四章

汉代画像石中的武术

武术的历史源远流长，它的起源可追溯到原始社会。武术在早期只被称为"武艺"，当人们开始有意识地练习拳打、脚踢、摔劈、砍刺、进退和躲闪等动作训练时，武艺就开始萌芽了。经过长期的发展，特别是由于战争的需要，武术技艺得到了进一步发展。到了春秋战国时期，各种哲学理论开始融入武术理论体系中，丰富了武术的指导思想。考察刻画有关武术技艺内容的画像石，可以发现其形式主要有徒手相搏、持器械对打以及徒手对器械的形式。这些画像石的刻画形象生动、攻防兼备，体现了武术中的套路演练和技艺对抗，为研究汉代武术发展提供了直观的图像材料。

第一节 | 武备器械

汉朝对匈奴的战争连绵不断，因此对士兵们武术技艺和实战打斗的能力相应提出了较高的要求。"工欲善其事，必先利其器"，武术技艺的发展与兵器的使用有着密不可分的关系。兵器的种类在武艺发展的基础上又有所增加，而兵器的增加使武术技艺也得到了进一步的发展，表演性的武术也开始广泛发展。在出土的汉代画像石中，发掘出了一定数量的"武备库"画像石，"武备库"即兵器库，武备库中兵器的种类可以间接反映汉代武术技艺的情况。图4-1是河南南阳出土的武备库画像石，画面中刻有三钺、三弩，钺柄和弩臂分别安插在兵器架上，画面中还刻有两个放短兵器的架子，如剑。

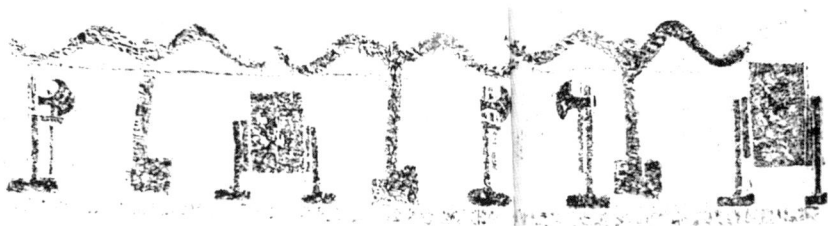

图4-1　画像石《武备库图》之一（河南南阳出土）

放置兵器的架子被称为"兰锜"，张衡在《西京赋》中记载："武库禁兵，设在兰锜。"在《魏都赋》中则记载道："受他兵曰兰，受弩曰锜。"也就是说，放弓弩的兵器架叫"锜"，放置其他兵器的兵器架叫"兰"。同时，兵器的改良与发展也促进了武术技艺的发展，如汉代根据盾发明了名为"钩镶"的武器，在《释名·释兵》中有"或推钩、推镶，或勾引，用之宜也" 的记载。

图4-2武备库画像石的画面中刻有三杆戟、三幅盾牌、一根棒状兵器。其中,戟为进攻性武器,而盾牌则是典型的防守武器,体现了武术技击遵从的攻守平衡原则,也反映出汉代攻守武器配套的情况。

在图4-3的武备库画像石的画面中央站有一武士,双袖高卷,左手执钩镶,右手执弓。在其身后置有一武库,悬挂有囊、铠甲、行军壶、弩等,兰锜上依次置有环首刀、剑、矛、铍、铩、戈、戟、盾牌等各种兵器,由此可见汉代武器种类的丰富。

图 4-2　画像石《武备库图》之二（河南南阳出土）

图4-3　画像石《武备库图》之三（江苏徐州出土）

在图4-4武备库画像石中的兰锜架上层挂有两根长矛、两杆戟,两侧各挂一盾牌,壁面挂两弩,下层也放两弩,壁面挂有五盾,兵器架下面有二人看守。此图场景说明了汉代对武艺的重视及大量兵器的运用。

在图4-5武备库画像石中,画面上层的顶部有一兵器架,架上横置二剑、二刀、一戟,上层的底部有两架兵器架,左架上插有二桨戟和二小戟,右架上放置三支矛、二戟,架下放有二盾牌和一箭箙。图4-5的画面下层有两侍从,左边一人捧一箧盒,右边一人拿着便面❶和马套。两侍从左侧还有一架,架上插有两支长矛,矛上配有套子,架旁的地面放有两只壶、一只罐子和一座灯台。从该图展示的武备库可见汉代兵器的数量充足、类别齐全,长短兵器、进攻和防御兵器都有。

画像石《兰锜架图》(图4-6)中的兰锜架上摆有矛、戟、环柄刀、弩、弓、箭箙等兵器。该画像石高74厘米、宽178厘米,为四川汉代画像石中刻画兵器架的最大的画像石,兵器的种类也

图4-4　画像石《武备库图》之四（河南南阳出土）

---

❶ 古时用于遮挡面部的扇状物。

比较多。❶

　　图4-7中的画像石画面共分为三部分，具有浓厚的汉代日常生活气息。画面上部为狩猎图，右边有一狩猎者张弓射鹿，还有飞鸟竞天、鱼游水中的场景。画面中部的兵器架上横列有三股叉、矛、环柄刀、弓、弩、箭、箭箙、盾等兵器。从画面的构成可以推测出汉代武器的配备相对普及，非官方的武备库也大量存在。

图4-5　画像石《武备库图》之五（山东沂南出土）　　图4-6　画像石《兰锜架图》之一（四川中江出土）　　图4-7　画像石《兰锜架图》之二（局部）（四川成都出土）

第二节｜战争中的武术搏击

　　汉代的画像石中刻画有大量战争场面的打斗场面，对战双方手持不同的兵器，做出各种攻、防姿势。画像石《胡汉战争·水陆攻占图》（图4-8）的画面整体可分为两层：在上层画面中，从左至右来看，有三马同行、两辆轺车、一名单骑，前有男子一手执刀、一手执盾，与其相对而立的是一手执环手刀、一手牵马的男子。右侧有一车，车上一男子回首做出用手指的姿势，其身后坐一妇人，妇人身后有全副武装的兵卒，执刀、盾、弩等兵器，随时待发。下层画面描述的是水陆攻占的场景，桥上有轺车，车上一人执刀作战。右侧有"贼曹车""游徼车""功曹车"，左侧有"主簿车""主记车"以及骑兵、步卒，皆手执兵器，做攻杀之势。与其交战的是手持刀、戟、弩、勾镶等兵器的男、女混合队伍。在整幅画面中还有蹲踞持弩射箭者、弓步转身后射者和一手持钩镶攻、一手持剑攻击骑马者，还有勾镶对剑、盾牌对刀、勾镶对盾牌等场景。桥的右侧有两骑侧面奔走，桥下一人蹲踞，正手执刀、

---

❶ 中国画像石全集编辑委员会.中国画像石全集（7）[M].郑州：河南美术出版社，2000：38.

盾抵御两侧小船上男子和女子的夹击。该画像石刻画了激烈的打斗场面,并展示了多种兵器。

画像石《胡汉交战图》(图4-9)将西王母神话、汉代手工作坊和胡汉交战场景集于一幅画面中。画面下层描绘的是胡汉战争,右侧有一胡军将领,其身前有一人匍匐禀报,一胡将执弓、箭立于其后。在左侧的交战场景中,一胡兵被汉兵持剑刺倒于地,另有一胡兵持械进攻,其对面的汉兵跪步下蹲,右手持钩镶格挡,左手持剑作劈砍状。在最左侧立有一汉兵持盾牌,肩扛一长兵器。整幅画面呈现了武术中的攻、防技术动作。

图4-8 画像石《胡汉战争·水陆攻占图》(山东嘉祥出土)

图4-9 画像石《胡汉交战图》局部(山东嘉祥出土)

画像石《乐舞争战图》(图4-10)刻画的画面从上至下共分为四层,其中二层有众多舞女排成一排表演长袖舞,三层有一辎车正在过桥,车后有持戟男、女护卫严阵以待,车前有两女子挥舞兵器,奋力搏杀进攻者,桥上有人被扑跌仆地。桥下即四层画面展示了强渡的紧张场景。画像石的整个画面展现了激烈的打斗场景,同时也说明了汉代已有女子习练武术,并参与到御敌的争战打斗中。

画像石《胡汉战争图》(图4-11)的画面下层刻画了胡汉战争的场面,从上至下的第一排中,有三对胡汉兵持剑、钩镶厮杀;第二排描绘了胡骑、汉骑交战的场景,胡兵败退,汉兵追赶,持矛汉兵刺中马上的胡兵,其后有胡、汉两骑在马上互相射击;第三排是胡、汉兵持长戟搏斗的场景。

画像石《胡汉战争与风伯吹房图》(图4-12)刻画的画面整体可以划分为四层。从上至下来看画面,第一层为风伯吹房子的场面;第二层为胡汉战争中搏斗的场面,有两人弯弓对射,均为弓步引弓射箭的姿势,增加了射箭动作的稳定性,另有六人持矛对刺,其中一胡兵被刺中欲倒地,对战双方均呈弓步姿势,作出弓步前刺状,双方使用兵器相互格挡,守中带攻;第三层是汉兵绑来俘虏来见汉将的场景;第四层是胡兵扛弩持箭败归的场景。整体看来,画面内容具有一定的连续性和叙事性。

图4-10 画像石《乐舞争战图》（安徽宿州出土）

图4-11 画像石《胡汉战争图》（山东嘉祥出土）

图4-12 画像石《胡汉战争与风伯吹房图》（山东嘉祥出土）

44

第三节｜持械格斗与练习

一、多样化的持械练习

在已发掘的汉代画像石中，可以发现大量持各种兵器进行对练的画面，显示出武术这项体育活动在汉代的发展历程与普及程度。持械练习的形式有单人练习、一对一练习、三人（一对二）练习等多种形式，其中较为常见的形式为一对一练习。

武器的种类直接体现在持械格斗的场景中。画像石《双人持械对练图》（图4-13）画面中部的四人两两相斗，面向左方的两个武士均一手执剑、一手执钩镶，面向右方的两个武士手执双剑。在斗剑武士的后面，左方站有四人面向右方，右方也站有四人面向左方（第四人画面残缺）。此八人均手拄剑于地，似等待参加下一轮的对练。

图4-13 画像石《双人持械对练图》（山东嘉祥出土）

在画像砖《持械搏击图》(图4-14)中，中间一人为身穿铠甲的武士，其身后佩剑但在格斗中却徒手，做出半弓步立掌推按的动作，左、右有两武士与之相搏。其中，左侧武士已被击倒，剑被丢在一旁，右侧武士跨步持钺，呈进攻姿势。画面整体表现了搏击的激烈程度，周边饰有蝎子、壁虎，以及两侧饰有龙凤的纹样，烘托了画面的整体气氛。画像石《武术表演》(图4-15)刻画了武术表演的场景，画面中有一屋宇，檐下悬挂垂幛，屋内有两人正在格斗，左侧一人跨步姿势持戟冲刺，右侧一人持刀、盾抵御。可以从画面中悬挂的垂幛推测出，此场地应是专门进行比武表演的场所。

在画像石《武术对练》(图4-16)中，两武士均呈弓步姿势，怒目对视，看起来都勇猛有力。其中，左侧武士右手执刀，左手拿一树枝状物，右侧武士左手执刀，右手立掌前伸。两武士手里的刀均立起，便于随时攻击，同时另一手的动作又呈防守姿势，处于守中有攻、攻中有守的状态。画面营造出一触即发的紧迫感，也有学者认为画像石中的二武士为神荼、郁垒。

画像石《比武图》(图4-17)中展示了两个武士搏击演练的场景，左侧武士右手持环手刀，刀上举，身体下蹲呈仆步姿势，右侧武士呈弓步姿势，一手执刀、一手持盾，两人紧

图4-14 画像砖《持械搏击图》(河南邓州出土)

图4-15 画像石《武术表演》局部(山东临沂出土)

图4-16 画像石《武术对练》(山东曲阜出土)

张对视，搏斗一触即发。

图4-17 画像石《比武图》局部（江苏徐州出土）

画像石《搏斗图》（图4-18）描绘了摄政刺杀韩相侠累和荆轲刺秦王的故事。画面整体分为两层，均刻画的是打斗场景。在上层画面中，左侧一人手持长剑，上扬刺向右侧一人，右侧一人双脚跳起，双手张开上举，惊恐抵御。此画面为摄政刺杀韩相侠累的故事。在下层画面中，中间立有一斗二升的木柱，一匕首刺穿柱身，木柱左侧一人左手前伸，右手欲拔剑，木柱右侧一人露出上身并佩剑，双手梃杖欲击打对方，地上有一开启的盒子，描绘了荆轲刺秦王的故事。

画像石《武士搏击图》的画面（图4-19）分为两层。上层画面中的二武士皆怒目圆睁，面目狰狞，面对面持械进行搏击。其中，左侧武士斜佩长剑，衣袖卷起，右手手掌向前伸，按向对方刺来的剑锋；右侧的武士的左手握剑，剑从腰间刺向对方，右手立掌沿着剑身前推，欲挡开对方的手掌。画面下层中的两个武士也面目狰狞，形象夸张，左侧武士的右手撑剑于地，身体向左呈跨步腾空姿势，而左手拿槌，回首转身欲攻击对方；右侧武士腰佩长剑，右手立掌前推，攻击对方，左手拿一带缨的长樏斜插地面，依于左肩。

画像石《邀看比武图》（图4-20）是叙事性画像石。画面整体分为四层，以连环画的形式再现了比武前后的故事情节。从上至下来看，第一层刻画了人物会面的场景，几人相约观看武术比赛；第二层刻画了四人同行的场景；第三层刻画了武术比赛的场面，比武的两人均用长兵器，一人持矛，一人执戟；第四层为看完比赛揖手告别的场景。

图 4-18 画像石《搏斗图》（山东沂南出土）

图 4-19 画像石《武士搏击图》（山东沂南出土）

图 4-20 画像石《邀看比武图》（江苏徐州出土）

画像石《搏击表演图》（图 4-21）出土于陕西绥德大坝梁，该墓共出土石刻十一石，此画像石为其中一石。画面右侧为观赏者进食场面，中间为表演球戏的场景。画面左侧有两人，一人持剑迈步直刺，另一人持钩镶半蹲做防御。在陕北地区出土的画像石中，刻画有不少表现双人对打的画面，常见的对打场景为一人使用剑，另一人使用钩镶。

图 4-21 画像石《搏击表演图》（陕西绥德出土）

画像石《搏击出行图》（图 4-22）的整体外观呈鼓状，现存于徐州汉画像石博物馆。画面由上至下分为三层，上层为搏击场景，从左至右第一人手持长戟，低弓步前刺，第二人左手握环手刀弓步格挡，第三人右手执环手刀，左手手拿钩镶作攻击之势。整个画面呈现了一对二的格斗局势。

画像石《武士对练图》(图4-23)中刻画了两武士持械对练的画面。其中一人持长矛，另一人持剑对练，持矛武士迈步前刺，持剑武士虚步下蹲，躲过矛头，右手欲夺矛，同时左手持剑上举，作进攻之势。整个画面充满动感。

图4-22　画像石《搏击出行图》（江苏徐州出土）　　　　图4-23　画像石《武士对练图》局部（山东石刻艺术博物馆藏）

二、剑术的普及发展

两汉时期，世风尚武，击剑之风盛行，纵然不能人人都像汉高祖刘邦那样"大丈夫当如此也"，但立功疆场、赐爵封侯仍为多数人所求，霍去病、班超便成为楷模，习武为社会所重，学剑之风因而盛行。《晋书·舆服志》中记载道："汉制，自天子至于百官无不佩剑"。军中有舞剑之戏，民间流行亦广。画像石《鸿门宴》(图4-24)生动再现了当时两武士持剑相搏的情景。画面分为上、下两层，上层画面中，一人左手持剑，右手持钩镶，与一持剑武士对搏，旁边有两站立观看之人，神情紧张，此场景表现的是"项庄舞剑，意在沛公"的故事。下层画面为结束时送客的场景。按史载相关资料分析，下层画面中左起骑马而逃者当为刘邦。此外，沛县是刘邦故里，民间习武之风盛行，至今仍为闻名遐迩的武术之乡。

《汉书·艺文志》兵伎巧十三家中，收录了《剑道》三十八篇。击剑之术早在春秋战国时期就已流行，而汉代是古代击剑运动发展最为兴盛的时期。《庄子·说剑篇》中记载道："昔赵文王喜剑，剑士夹门而客三千余人，日夜相击于前，死伤者岁百余人，好之不厌。"画像石《击剑图》(图4-25)的内容就是对当时这一盛况的再现，画面中间有二人持剑格斗表演，两侧为观看者。画像石《出行击剑图》(图4-26)的画面由上至下整体可以分为五层，其中第四层是执剑比武格斗的画面，中间比武的两人身体前倾，呈跨步姿势，以兵器格挡前刺。其余三人站立围观，为观众或指导者。

图 4-24　画像石《鸿门宴》（安徽褚兰出土）

图 4-25　画像石《击剑图》（江苏徐州出土）

图4-26　画像石《出行击剑图》
（山东嘉祥出土）

49

　　画像石《持剑搏击图》(图4-27)画面的左下角描绘了二人打斗的场面，二人均持剑，左侧武士为搏斗的胜者，可以看出胜利的喜悦让他不禁耸肩振臂跳跃，左手拽着其右侧失败者的头发，而战败者扑倒在地。此画像石可以看作是成王败寇的写照。

　　画像石《持剑武士搏击图》(图4-28)展示了持剑武士搏击的场景。画面可分上、下两层，上层描述的是晋灵公欲杀赵盾的故事，左侧一人为晋灵公，腰佩长剑，双手拉弓，脚下一犬扑向赵盾。右侧一人为赵盾，横握剑身，剑未出鞘，右手扬袖于头上，同时右脚高抬，似躲避犬咬，又似踢开恶犬。在画面下层中，左侧一武士左向跨步，左手持出鞘长剑，剑上指，回首观望，似在寻找攻击时机。右侧一武士的右手握剑横于腰间，左手手掌前伸，

图4-27　画像石《持剑搏击图》（局部）（山东安丘出土）

图4-28　画像石《持剑武士搏击图》（山东沂南出土）

做防御姿势。

画像石《荆轲刺秦图》(图4-29)描绘的是荆轲刺秦王的故事。画面中的人物自右至左分别为荆轲、秦王嬴政和秦舞阳,其中,荆轲一剑刺向秦王的头部,秦王侧头躲闪并横剑还击,从下方斜刺荆轲手臂,而画面左侧的秦舞阳大惊失色,几乎跌坐在地。整个画面呈现出紧张惊险的氛围,以动作外形展示了人物的心理世界,既有荆轲视死如归,又有秦王的沉稳和秦舞阳的"色变振恐"。此幅画像石与前文图4-18的画像石在画面内容和表现手法上有着较大的区别。

图4-29 画像石《荆轲刺秦图》(河南南阳出土)

除此之外,在已发掘出土的汉代画像石中也刻画有女子参与击剑演练场景的图像。画像石《女子击剑图》(图4-30)的上层残缺,下层为女子击剑演武的场景,画面左侧有两女子正在进行习武演练,右侧女子持长剑刺向左侧女,左侧女子右手拿勾镶后摆,左手拿剑迎击对方的长剑,顺势刺向对方,对面的女子则低头躲闪,身手矫健,同时形态优美。画面右侧有两男子正在徒手演练拳术,动作舒展潇洒。画面最右侧还有一人,可能为观看者或指导者。

图4-30 画像石《女子击剑图》局部(安徽宿州出土)

第四节 ｜ 徒手搏击

兵器的使用促进了汉代武术的发展，但是徒手搏斗仍旧是军中训练的重要技能。汉代的军官都要经过徒手搏斗的考试，《汉书》中记载："试弁，为期门，以材力爱幸。" ❶ "弁"是手博的异称，"期门"是汉代的郎官之一，又叫"期门郎"。甘延寿通过"试弁"升为期门郎，以"材力"受到汉元帝的器重。江苏徐州汉墓群出土的画像石《徒手对器械比武图》（图4-31）便描绘了军官手博考试过程的场景，考试的内容是空手夺兵器，为手博中最高的本领。画面左侧是比武场景，左边一武士手持长戈斜刺过来，右侧一武士脱掉盔甲，将环手刀、勾镶放置一旁，徒手相搏，欲白手夺刃，显示了其艺高人胆大，两旁有观者。

图4-31　画像石《徒手对器械比武图》（江苏徐州出土）

在其他汉代画像石刻画的搏击画面中，还有徒手对枪、对棍、对剑等内容。可以推测出，"空手夺刃"这一中华武术中的精华部分在汉代就已经形成了。徒手搏击在汉代画像石中的表现形式有单人练习、双人练习和一对二搏击练习。汉代的徒手格斗又叫"手博"，指练习者仅用拳掌徒手对打。手博是汉代武术活动中的一项重要内容，既是古代徒手搏斗的技术，又具有后世武术中的拳术特点。汉代的手博活动有较大的发展变化，仅《汉书·艺文志》中收录的《手博》就有六篇，这是最早的有关记述拳类的著作。单人的拳术练习场景可以参见陕西绥德出土的画像石《单人拳术练习图》（图4-32），画面中的人正在做弓步的前后分掌动作。

图4-32　画像石《单人拳术练习图》（陕西绥德出土）

---

❶ 班固.《汉书》[M]. 北京：中华书局，2012：2600.

画像石《一对二手搏图》(图4-33)出土于河南南阳,画面中有三人徒手相搏,三人脚下是白云缭绕的群山,衬托出三人的高大,着重刻画了三人的搏击对抗场景。画面右边一人对抗左边二人,画面最左边的人亮双掌跨步进击,中间的人呈半弓步姿势,右手亮掌,左手做勾手动作,右边的人做弓步,右手亮拳,左手亮掌,营造出一种紧张的对抗气氛。也有学者认为该画面刻画的是中间一人对抗左、右二人的场景。不管搏击对手如何划分,此画像都说明了汉代已有一对二的徒手搏击形式。整幅画面动感极强,以相互搏击中的瞬间动作再现高手过招时的定格场面。

图 4-33　画像石《一对二手搏图》（河南南阳出土）

画像石《徒手搏枪图》(图4-34)的画面中有两人,一人持枪,一人徒手。持枪者重心压低,勇猛凶狠,徒手者体态修长,衣带飘飘,俨然是一位女子。持枪者弓步前冲,挺枪前刺,徒手者迎枪而上,身体侧转,从容躲闪对方的枪的攻击。

图 4-34　画像石《徒手搏枪图》（河南南阳出土）

第五节 | 裁判的出现

武术搏击发展至汉代，已产生了判决和监督比赛的中间人，即裁判，出土于山东的画像石《比武蹶张图》(图4-35)中出现了裁判就是最好的例证。画面中间的左、右两人均右手持木棍，以棍代剑，两人均左手持钩镶做防护姿势，左侧一人用木棍击中右侧一人的面部，中间的裁判就在此时抓住两人持兵器的手的袖口并做出裁决胜负的动作❶。画面左侧还有一人着长袍，左手持剑，右手指向格斗二人，其身后有一骑士，呈现一种蓄势待发的紧张场景。画面右侧为武士蹶张的画面，武士口衔箭、脚踏弩，奋力拉弩弦，并且已将弩弦拉至腰间，突显其力气。

图4-35　画像石《比武蹶张图》（山东邹城出土）

在画像石《比武评判图》(图4-36)中刻画有三名武士，一武士挽袖站立中央，双目圆睁，其左、右各有一武士持长矛站立两侧，身体前倾，呈恭敬倾听的姿势。从此图推测，中间武士应为比武裁判或练习指导者，正在进行赛前的规则解释，或比赛后的技术点评。

在画像石《比武图》(图4-37)的画面中央，左侧一人持长戟刺向右侧对手，右侧一人左手持钩镶将长戟拨开，右手以刀(剑)直刺对方头部。在画面最右侧有一人捧剑站立，应是比武的指导者或裁判，另有二人操琴演奏，烘托气氛。

图4-36　画像石《比武评判图》（山东石刻艺术博物馆藏）

图4-37　画像石《比武图》（江苏徐州出土）

---

❶ 刘朴.《汉画像石中的体育活动研究》[M].北京：人民出版社，2009：83.

综合而言，汉代武术由单纯的技击练习发展为练习和表演两大类形式，汉代的兵器不止用于单纯技击，也从军事练武分化为娱乐表演和实战练习，这体现了由武艺演变为武术的过程。武术技艺向表演化方向的发展，一定程度上促进了民间武术的深化和开展。同时，通过考察汉代画像石中武术动作的手法、身法、步法等，发现其与现代武术基本相似。手法有拳、掌、勾等，步形有弓步、马步、仆步、虚步、跪步等，头部动作有前伏、后仰、侧闪等。汉代画像石中刻画的武术动作，形式多样，各具特色，攻、防指向明显，技艺水平高超，是对我国汉代武术演进的真实写照。

第六节 | 画像石中的武士形象

在汉代画像石中，有着众多的武士形象，武士们手执不同器械，呈现的武术动作各有不同，显示了汉代崇尚和尊敬英雄之风的盛行，人们崇拜力大无穷之人。在汉代画像石中，刻画有诸多大力士展现其孔武有力的画面，包括人物蹶张、举鼎、拔树等场景。

画像石《勇士孟贲》(图4-38)中刻画的勇士为战国时期的齐人孟贲，《帝王世纪》中记载道："孟贲生拔牛角，是谓之勇士也。"画面中的人物身材魁梧，一手按剑，一手张开，表情严肃，不怒自威，气宇轩昂，线条的刻画使其看起来更加生动，好似全身的衣带都在舞动。

画像石《持矛武士图》(图4-39)是出土于河南南阳汉墓的门扉画像石，画面上部刻有朱雀，中部刻有首衔环，下部刻有武士。武士膀阔腰圆，双手持矛，向前猛刺。

图4-38　画像石《勇士孟贲》(山东沂南出土)　图4-39　画像石《持矛武士图》(河南南阳出土)

画像石《执钺武士图》(图4-40)也是出土于河南南阳汉墓的门扉画像石,上部刻有朱雀,中部刻有首衔环,下部刻有力士。力士手持斧钺,呈弓步姿势,展开双臂,显示出势不可挡的勇猛之势。力士的体型庞大,和手持的小型斧钺形成了鲜明的对比。这两块门扉画像石的画面造型简练、主次分明,表现力很强。

在各地出土的汉代画像石中,刻有许多站立的门吏武士形象,他们手持不同兵器,如戟、矛、棍棒、刀等。多数面部严肃,双目圆睁,形象威严不可侵犯,如画像石《持棒武士图》(图4-41)中的门吏武士,其双手持棒,呈站立姿势。

画像石《力士组图》(图4-42)为南阳汉墓主室门中柱画像石,上格有一力士,正面蹲坐于地,双手上拳,似要将画像石上框推开。中格有一武士高髻仰面,左手握剑鞘,右手拔剑,形象威猛。

蹶张既是射艺时的动作,同时也是力士们进行力量练习的一种手段。《汉书·申屠嘉传》中记载道:"申屠嘉,梁人也,以材官蹶张,从高帝项籍。"颜师古对其注解为:"材官之多力,能脚踏强弩张之,故曰蹶张。"画像石《蹶张图》(图4-43)为河南南阳汉墓的门扉画像石,画中力士头戴圆顶小帽,口衔一箭,双脚控弩,双手控弦,背插两矢和一剑,瞪目露齿,形象凶恶,头顶饰有小龙和云气的纹样。画像石《蹶张图》(图4-44)的画面中,有一武士双脚踏弓,双手奋力张弦,武士衣袖高高挽起,双肩高耸,双腿半蹲,呈蓄力之势,其左侧放置有一盛满箭矢的箭箙。

图4-40　画像石《执钺武士图》(河南南阳出土)

图4-41　画像石《持棒武士图》(河南南阳出土)

图4-42　画像石《力士组图》(河南南阳出土)

图4-43　画像石《蹶张图》之一(河南南阳出土)

图4-44　画像石《蹶张图》之二（江苏徐州出土）

　　画像石《七力士图》(图4-45)的画像石刻画有七位力士,画面中从左至右的内容依次是:一人执盾持剑与另一力士合力生缚一虎;拔柳树力士,柳树已被力士拔弯;一力士抓一牛尾,倒背牛于身上,往前行走;一人举鼎过头,紧随背牛力士;随后的力士抱有一羊;最右边的力士抱一壶美酒。该画像石刻画出了勇猛的大力士形象,特别是背牛力士和举鼎力士的脚已刻出画面之外,显示其力量之大。

图 4-45　画像石《七力士图》（江苏徐州出土）

　　出土于四川内江的画像石《蹶张图》(图4-46)中刻画的场景为站姿蹶张,画中一人头戴小平帽,上身着短衣,下身着紧身裤,怒目圆睁,脚踩弩弓,两手奋力拉弦,箭在弦上欲发。

　　在画像石《拽马力士图》(图4-47)的画面中,一人用缰绳拽拉一匹骏马,马的尾巴上翘,张嘴嘶鸣,与人奋力对抗,人在后边紧拉缰绳,同时身体后坐,右脚脚尖翘起,脚跟奋力蹬着地面,似使出全身力量。整幅画面显示出人的勇猛有力和马匹的矫健。

图 4-46　画像石《蹶张 图 4-47　画像石《拽马力士图》（四川乐山出土）
图》之三（四川内江出土）

　　画像石《托举图》（图 4-48）中刻画了两个大力士，右边一人头戴平顶帽，身穿紧身短衣，两腿张开，双手托举一块巨石。画面左边一人也头戴平顶帽，身穿紧身短衣，右腿微向前，呈半弓步姿势，左腿向侧后方伸直，右手向内弯曲顶起一块大石，头转向右侧，二人均呈用力托举的姿势，显示出大力士的力量。

　　画像石《众力士图》（图 4-49）的画面整体可以分为四层。由上至下来看，第三层画面中，众人手执刀、剑、勾镶、弩箭、锤等兵器，以及勺、瓶等用具。第四层画面中刻画的是一些大力士，从右至左分别是力士背虎、负牛、拔树、擒牛、拽猪的场景，表现了力士力量之大，也衬托出汉代崇武之风气，以及对勇猛之士的崇拜。

图 4-48　画像石《托举图》（四川出土）

图 4-49　画像石《众力士图》（山东嘉祥出土）

第五章

汉代画像石
中的蹴鞠

蹴鞠即古代的足球运动,"蹴"就是用脚踢,"鞠"是一种球,用皮作表,里面塞满丝、毛、糠等柔软的东西。《汉书·枚乘传》颜师古注解道:"蹴,足蹴之也;鞠,以革为之,中实以物;蹴踏为戏乐也。"蹴鞠既是一种体育运动,同时也是古代百戏的组成部分。蹴鞠在战国时期便已流行,是我国足球运动的早期形式。古代足球起源于战国时期的齐地,这已得到国际各方的证实和认可。

第一节 | 蹴鞠的史料记载

最早记载蹴鞠的书是《战国策·齐策》,书中记载:"临淄甚富而实,其民无不吹竽、鼓瑟、击筑、弹琴、斗鸡、走犬、六博、踏鞠者。"西汉学者刘向在《别录》中写道:"蹴鞠,传言黄帝所作,所以练武士知有材也。"汉代班固则把蹴鞠列入兵家技巧类,并称:"以立攻守之胜者也。"《盐铁论·刺权》中则说,"贵人之家,蹋鞠斗鸡"为乐。颜师古又在《汉书·艺文志》注中说:"蹴以革为之,实以物,蹴蹋之以为戏。"❶ 由此可见,汉代蹴鞠主要有两种活动形式,即作为练兵手段的军队蹴鞠和具有娱乐目的的民间蹴鞠。

蹴鞠发展至汉代,普及范围进一步扩大,成为一项娱乐活动,赢得了上至皇帝,下到市井子弟的广泛喜爱,正如《盐铁轮·国疾》中所说,"康庄驰逐,穷巷蹋鞠"。西汉中期以后,市井子弟"穷巷蹋鞠"是常见的景象。据《汉书·霍去病传》记载,霍去病塞外出征之时,"穿域蹋鞠"以为戏乐。汉武帝喜欢蹴鞠,便令枚皋作《蹴鞠赋》,《西京杂记》(卷二,五十一:弹棋代蹴鞠)中也记载了汉成帝酷爱蹴鞠,众臣怕他劳累的史料,"成帝好蹴鞠,群臣以蹴鞠为劳体,非至尊所宜,……作弹棋以献"。东汉皇宫中专门修建有踢足球的地方,如含章鞠室以及灵芝鞠室。蹴鞠在汉代宫廷的盛行,可能与汉高祖刘邦有很大关系。《西京杂记》中就有关于汉高祖刘邦因太上皇平生好蹴鞠,营建"新丰"之地,满足其父蹴鞠之好这段史料的记载。《西京杂记》(卷二,四十一:作新丰移旧社)中记载:"太上皇(刘邦之父)徙长安,居深宫,凄怆不乐。高祖(刘邦)窃因左右问其故,以平生所好,皆屠贩少年,酤酒卖饼,斗鸡蹴鞠,以此为欢。今皆无此,故以不乐。高祖乃作新丰,移诸故人实之,

❶ 班固.《汉书》[M]. 北京:中华书局,2012:1557.

太上皇乃悦。"刘邦即位后,为表孝心,便把父亲接到了长安。然而,刘父住在豪华的宫中,尽管锦衣玉食,却没有了在穷巷斗鸡、蹴鞠的乐趣,因而整天闷闷不乐。于是,刘邦把父亲家乡的朋友都请来,在长安仿家乡丰邑之样建成"新丰",陪父亲踢足球。由此足见蹴鞠在汉代的普及和深受民众的喜爱。

第二节 | 蹴鞠的形式

一、军事蹴鞠

蹴鞠兼有娱乐和锻炼的功能,成为军队练兵和集体游戏的一种方式,"皆因嬉戏而讲习之,今军士无事,得使蹴鞠"(刘向《别录》)。在《汉书》中,《蹴鞠》同《射法》《剑道》《手搏》等著作一同被列入"兵技巧十三家"之内。由此可见,蹴鞠已成为汉代训练士兵的一种手段。刘向在《别录》中写道:"蹋鞠,兵势也。所以练武士,知有才也,皆因嬉戏而讲练之。"为了锻炼士兵体魄,蹴鞠在汉代受到了军事部门的青睐。《汉书·艺文志》收录有《蹴鞠二十五篇》,并作了如下描述,"技巧者,习手足,便器械,积机关,以立攻防之胜者"。《史记卫将军骠骑列传》中记载:"其(霍去病)在塞外,卒乏粮,或不能自振,而骠骑尚穿域蹋鞠(穿域,指穿地为鞠室,相当于球门)。事多此类。"可见蹴鞠在兵营中的受欢迎程度。作为军事训练的一种方式的蹴鞠与今天的足球运动颇为相似,具有很强的对抗性和竞技性,《文选·何晏＜景福殿赋＞》中记载:"僻脱承便,盖象戎兵。"❶ 吕延济(唐)对其注:"言蹴鞠之徒,便僻轻脱,承敌人之便,以求其胜,此乃如戎兵之事。"蹴鞠运动既可以锻炼士兵快速奔跑的能力,又可以锻炼其对抗推、摔的能力,对体能、团队和纪律性也都有很好的锻炼,加上本身具有的娱乐功能,其成为军事练习的内容也就自然而然。画像石《蹴鞠图》(图5-1)中刻有两个身形高大的蹴鞠运动者,左侧一人双手持稍微弯曲的条状物体,推测其可能是击打战鼓的鼓槌,或类似匕首的短刀,也有学者认为左侧为持刀练习者,此观点有待商榷。该画像石的内容体现的可能就是军事训练中的蹴鞠。

---

❶ 南朝梁萧统编选先秦至梁的各体文章,取名《文选》,分为三十八类,共七百余首,是我国现存最早的诗文总集。

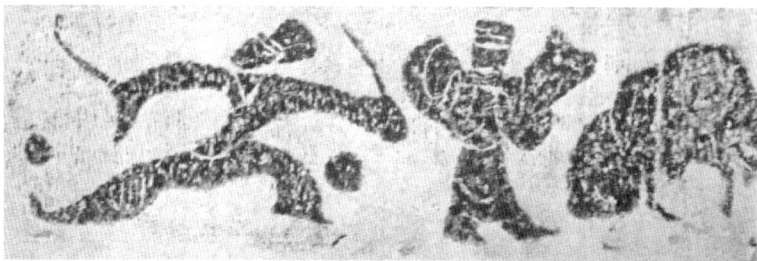

图 5-1　画像石《蹴鞠图》（河南南阳出土）

二、娱乐蹴鞠

两汉时期，以娱乐为目的的蹴鞠可分为表演性蹴鞠和竞技性蹴鞠。表演性蹴鞠是在鼓乐伴奏下，进行以脚、膝、肩、头等部位控球技能的表演，有人称为"蹴鞠舞"，是百戏中的重要节目。竞技性蹴鞠一般设有鞠场，鞠场呈正方形，设有坐南面北供观赏的大殿，四周有围墙，也可将其称为"鞠城"。

汉代画像石中蹴鞠的娱乐功能多体现在与舞乐相伴出现。在已出土的蹴鞠画像石中，刻画的蹴鞠场景或有乐队伴奏，或有杂技相随，或边蹴边舞。画像石《击鼓蹴鞠图》（图5-2）刻画的场景表明汉代的蹴鞠已具有表演功能，且有音乐伴奏，有观众欣赏，应该说是达到了一定的艺术表演水准。画面右侧有一位高官坐观百戏表演，其背后有一侍者，面前有一小吏拜伏于地上。画面中间竖有一只大建鼓，鼓的两面各有一人正挥臂击鼓，两人脚下各有两只鞠，其动作姿势是边击鼓边蹴鞠，可以看出此场景呈现的是击鼓与蹴鞠相结合的表演。

图 5-2　画像石《击鼓蹴鞠图》（陕西绥德出土）

在南阳方城发现一汉墓的南门北扉背面刻画有《蹴鞠奏乐图》（图5-3）。整幅画像分为三层，上层三人分别在吹排箫击稗鼓、吹埙和摇盗吹排箫，下层有一人扶几而座，中层刻画了蹴鞠活动的场景。画面中二人以足踢鞠，右边踢鞠者抬右足击球，左边踢鞠者欲以足接球。在二人身旁置有一酒樽，推测此二人应该是正在进行蹴鞠比赛，用酒作为对赢者的奖赏或对输者的惩罚。这一画像石从实物角度证明了汉代已经出现了对抗性的蹴鞠比赛。

　　图5-4为一画像石局部图，描绘了蹴鞠和建鼓舞结合的场景，画面中的建鼓两侧各有一人用一鼓槌敲击捶建鼓，两人同时进行蹴鞠的活动，其中一人用膝关节将鞠顶起，而另一人则用脚尖将鞠挑起，颇有现代足球中"颠球"的意味。此类画面多刻画的是建鼓舞配合其他技艺的表演组合形式。王建中在《南阳两汉画像石》一文中认为，百戏中的大鼓蹴鞠是由军事蹴鞠演变而来的，也可以认为图5-4中的击鼓蹴鞠动作具有指挥和伴奏的功能。

　　画像石《建鼓、蹴鞠、奏乐图》（图5-5）的画面为一幅完整的建鼓、蹴鞠、奏乐图，画面左侧设置一建鼓，建鼓上装饰羽葆（以鸟羽聚于柄头如盖），建鼓左侧之人一边蹴鞠，一边跳长袖舞，右侧之人也一边展示蹴鞠技艺，一边执槌击鼓，显示了二人蹴鞠技艺的高超。画面右侧有三人奏乐配合。这也印证了蹴鞠至汉代已被百戏吸收，由原来相对单一的军事训练项目变为百戏内容之一，形成了与乐舞表演的有机结合。

　　在画像石《建鼓、乐舞、蹴鞠图》（图5-6）的画面中，左侧立有一建鼓，鼓的两侧各有一人，手舞鼓槌，每人面前有一蹴鞠，二人应皆是蹴鞠高手，一边击鼓，一边进行舞蹈表演，画面中间还一人作长袖舞，右侧有三乐人奏乐伴奏。

63

图5-4　画像石《建鼓、蹴鞠、奏乐图》局部（河南南阳出土）

图5-3　画像石《蹴鞠奏乐图》
（河南南阳出土）

图5-5　画像石《建鼓、蹴鞠、奏乐图》（河南南阳出土）

图5-6　画像石《建鼓、乐舞、蹴鞠图》（河南南阳出土）

画像石《乐舞蹴鞠图》(图5-7)的画面下层中间立一建鼓，建鼓为兽形趺座，鼓两侧有二人一边蹴鞠，一边击鼓跳舞，左侧有弄丸艺人，右侧有人吹竽、摇鼗鼓伴奏，其上方有一艺人拂袖作舞。

画像石《夜宴图》(图5-8)刻画了汉代达官贵人赴宴的热闹场面。在画面二层展示的娱乐活动中，有舞蹈的出现，画面左侧有建鼓舞、飞檐倒立和蹴鞠表演。其中一伎人倒立在一大厅屋檐上，显示出其艺高人胆大。在屋檐下方有一人双手张开，左顾右盼，将蹴鞠踩于脚下。

图5-7　画像石《乐舞蹴鞠图》（江苏徐州出土）

图5-8　画像石《夜宴图》（江苏徐州出土）

目前所发现的有关蹴鞠画像石的内容大多是属于娱乐表演性的蹴鞠，而对抗性的集体蹴鞠目前尚没有发现，但我们从有关书籍中可以发现集体对抗性蹴鞠的相关记载。汉人撰写的《蹴鞠二十五篇》是我国最早的一部体育专业书籍，也是世界上第一部体育专业书籍。西汉初期，刘邦曾在宫廷大规模地修建蹴鞠场地，供竞赛使用，还著有专门论述这种运动的《蹴鞠新书》。汉代李尤在《鞠城铭》中记载："员鞠方墙，放象阴阳。法月衡对，二六相当。建长立平，其列有常。不以亲疏，不有阿私。端心平意，莫怨其非。鞠政犹然，况乎执机。"这首《鞠城铭》描述了当时蹴鞠对抗的基本情况，比赛在方形场地进行，双方人数对等进行对抗，讲解了在行为制度和文化层面的规则，以及裁判、参赛人员在比赛当中需要遵守的一些道德规范。

蹴鞠竞赛有专门的球场称为"鞠城"，设球门称为"鞠室"。圆形的鞠和方形的围墙，象征着"天圆地方，阴阳相对"，仿效一年12个月，设置12人对阵抗衡，反映了汉代"天人合一，效法自然"的观念。比赛时，双方各有6人参加，一方进攻，另一方防守。在整个比赛过程中，拼抢激烈，以攻占对方阵地为胜(图5-9)。从这点来看，这时候的蹴鞠已经将竞技和娱乐融为一体，比赛时有裁判主持和统一的竞赛规则，还特别强调裁判要公正执法，可见当时的蹴鞠已经具备了竞技运动的雏形。

图 5-9　汉代蹴鞠场地与竞赛示意图

第三节 | 女子蹴鞠

在汉代画像石刻有蹴鞠场景的画像石中，已有女子参与蹴鞠活动的出现。河南南阳出土了三块女子蹴鞠汉代画像石。画像石《女子蹴鞠图》之一(图5-10)是刻于河南登封嵩山少室阙之上的画像石，画面中有一女子高髻云鬟，跃身侧踢，长袖舞动，姿态潇洒，并能自如掌控蹴鞠。

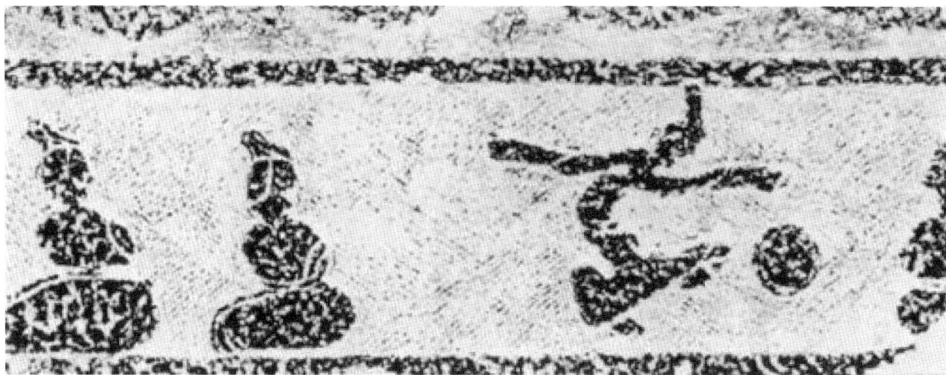

图 5-10　画像石《女子蹴鞠图》之一（河南登封嵩山少室阙）

　　画像石《女子蹴鞠图》之二(图 5-11)刻于河南嵩山启母阙上，画面中有一位头挽高髻的女子，双足跳起，腾空蹴鞠，舞动的长袖轻盈飘扬，女子两旁各站立一人，击鼓伴奏，再现了汉代蹴鞠运动的真实场景。

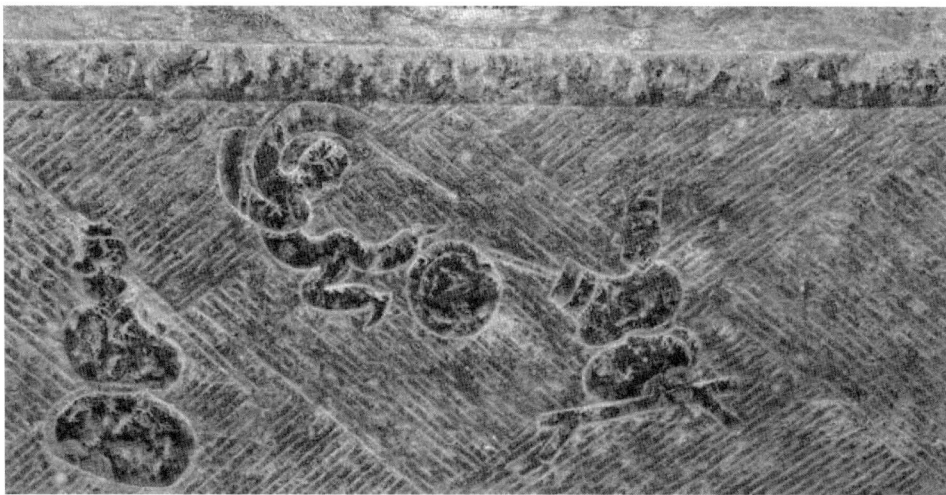

图 5-11　画像石《女子蹴鞠图》之二（河南嵩山启母阙）

　　在画像石《蹴鞠长袖舞图》(图 5-12)的画面中，一女子长袖飘飘，高髻束腰，挥动两臂，正在一足蹴一鞠，舞态轻盈，动作优美。

　　在其他地区出土的画像石和画像砖中，也有不少刻有女子蹴鞠的画面，说明女子蹴鞠在汉代已是常见运动。

1986年12月，国家邮电部发行了志号为T113《中国古代体育》特种邮票1套4枚，其中一枚名为《蹴鞠》(图5-13)，表现的就是我国古代长袖高髻的女子们进行蹴鞠的场面，邮票图案取材自保存于南阳汉画馆的汉代画像石刻。邮票内容是两女子正在进行蹴鞠比赛的场景，人物造型采用横向夸张手法，拉大了躯干与头部和四肢的对比，表现出以躯干为中心的人体动势，古朴自然，富有装饰意味。

图5-12　画像石《蹴鞠长袖舞图》（河南南阳出土）

图5-13　邮票《蹴鞠》

第六章

汉代画像石
中的舞蹈

汉代是我国古代舞蹈发展的繁盛时期，在进行朝会、飨食、祭祀、庆贺、娱乐等活动时都有舞蹈相伴，与音乐演奏、杂技表演等皆为百戏的主要内容。汉代的舞蹈形式，既包括王公贵族活动时的宫廷雅舞，又包括民间娱乐活动中的杂舞。汉代画像石中不乏刻画精美的舞蹈画像，出现的舞蹈种类主要有盘鼓舞、建鼓舞、长袖舞等。

第一节 | 盘鼓舞

在汉代画像石中刻有数量不菲的盘鼓舞画像。盘鼓舞又称"盘舞""七盘舞"，是一种踏在盘子和鼓上表演的传统舞蹈形式，起源于我国汉代。盘鼓舞中用作道具的"盘"是木制的，椭圆形，"鼓"稍高于盘子，直径约三十厘米。跳舞时将盘子和鼓排列在地上，盘、鼓数目不等，一般鼓为一面或两面，盘为6个或7个，也有用4个、5个或3个的，根据表演者技艺水平的高低而定。

盘鼓舞的表演方式有单人和多人形式，演员或男或女，伴奏乐队或大或小，均无规定形式。表演者踏在盘与鼓上表演，多在宴享时助兴。表演者多为男性，也有少数女性表演者，通常头戴冠帽，身穿长袖舞衣，脚穿特制舞鞋，在盘与鼓上纵横腾踏、屈身折体、翻扑倒立，表演各种舞姿，同时在盘和鼓上踏出富有节奏的声响。

汉代画像石和画像砖中刻画有各式各样的盘鼓舞形象，或飞舞长袖，或踏鼓下腰，或按鼓倒立，或身俯鼓面，手、膝、足皆触及鼓面进行拍击，或单腿立于鼓上，或从鼓上纵身跳下，舞姿各异，优美矫健。

画像石《舞乐图》(图6-1)是河南南阳出土的阿瞿画像石，左侧刻墓志铭，记述了墓主人许阿瞿"年甫五岁，去离世荣"及家人吊亲轸悼之况。因其上面刻有墓主人的名字和确切的纪年等文字，是我国目前发现最早的墓志铭，也是国宝级画像石。画像石的上层描述了汉代百姓的日常生活场景，下层为舞乐百戏。

图6-1　画像石《舞乐图》（河南南阳出土）

在下层中，左起第一人似在扣盘打节拍，第二人袒胸赤膊，挺腰鼓腹，左腿跪地，双手做飞丸、跳剑的动作。中间有一舞伎衣摆飘飘，轻拂长袖，变换身姿跳七盘舞。右侧两人鼓瑟、吹箫伴奏。整幅画面反映了家人的哀思和寄托，以及对已故亲人生活的想象。

　　山东沂南出土的汉代画像石《百戏·盘鼓舞》(图6-2)，刻画内容场面浩荡，气势雄伟，较完整地记录了汉代百戏演出的盛况，包括杂技、马术、鸟兽舞，当中更有汉代著名的七盘舞。画面中有一男舞者，前面有七盘分两行排列地上，还有一鼓放在盘前，舞者似正从盘上纵身飞跃而下，右腿"登弓"，左腿伸直贴地，足近鼓边，挺身回头，他的长袖舞衣和帽带随势飘起，显得动作刚劲有力。盘鼓舞将舞蹈与杂技巧妙地结合，体现了我国传统舞蹈的独特魅力。

图6-2　画像石《百戏·盘鼓舞》局部（山东沂南出土）

　　汉代文学家傅毅在其著作《舞赋》中用美妙的词语赞美了盘鼓舞。李善在《舞赋》中注说："般鼓之舞，载籍无文。以诸赋观之，似舞人更递蹈之而为舞节。""其始兴也，若俯若仰，若来若往。雍容惆怅，不可为象。"舞蹈开始时，表演者传达给观者的感觉是俯仰、往来的动作皆在瞬间完成，展现其雍容之姿、惆怅之韵，不可尽述其形象。随后，舞蹈进入了一个新的阶段，"若翔若行，若竦若倾；兀动赴度，指顾应声"，此时的舞姿依照节拍，手势身法皆应着鼓声。

　　"罗衣从风，长袖交横"（图6-3），瞬息万变的舞姿让观者目不暇接，绕身若环的舞蹈技巧使人惊叹。表演者轻盈似飞燕，机敏若惊鸿。曼妙的舞姿闲缓柔美，迅疾而又轻松。表演者通过绝妙的舞姿传达着自己的心志，"在山峨峨，在水汤汤。与志迁化，容不虚生"，即志在

图6-3　画像石《舞乐图》局部（河南南阳出土）

高山有巍峨之势，意在流水有坦荡之情。舞姿随着心志变化，舞容亦依意而改变。歌中有诗句，"气若浮云，志若秋霜"，表演者通过表演将其展现出来。

在表演中，舞蹈者次第而出，"摘齐行列，经营切偲。仿佛神动，回翔竦峙"。行列变换有数，往来伸缩进退有度，仿佛群仙出动，恣意翱翔。"击不致笑，蹈不顿趾"，手急速地敲击着拍板，而脚也不停地踏击着鼓。突然，踏击的声音戛然而止，等到表演者再度起舞时，鼓声急切。舞蹈者或跳跃，或低跪，或以手摩鼓，或以足踏鼓，身体弯曲，腰似弯弓，"纤縠蛾飞，纷猋若绝。超逾鸟集，纵弛殟殁"，像乱蝶在空中飞舞，也像鸟疾速飞集，却又松弛舒缓，十分自如，同时"体如游龙，袖如素蜺"，舞姿十分优美。舞蹈完毕，表演者退回到行列中，"观者称丽，莫不怡悦"。从这些描述中我们可知，盘鼓舞的表演者有着较高的技巧。

在山东沂南出土的汉代画像石中，可以看到独舞的盘鼓舞舞者形象(图6-4)。画面中有一位男性表演者头戴冠，身穿长袖舞衣，正从盘鼓上跃下，回首眄顾盘鼓，舞袖冠带飞扬，动作豪放。

画像石《宴请、舞蹈、出行图》(图6-5)由上至下的第二层中，右边三人在跳盘鼓舞，其中一人一手按踏鼓，故作跌倒状，其余二人手臂前伸做帮扶之势，显示出舞蹈艺人的技艺高超，同时又不乏幽默风趣感。画面左边有一女子抚琴伴奏，身后还有一女子端坐观赏。

在汉代，盘鼓舞往往有盛大的伴奏乐队与之相配合，成为各种活动仪式中的表演内容，如宴请、迎客、祭祀、庆贺等活动场合。在前文提到的山东沂南出土汉代画像石《百戏·盘鼓舞》(见图6-2)中，有三席人伴奏，乐器有钟、磬、建鼓、埙、铙、瑟、笙、排箫等，并有女歌者伴唱。

山东济宁出土的汉代画像石中则描绘了群舞的盘鼓舞场面，有三个高鼻雅鬓的男子，赤膊跣足，在五个鼓上做虎跳、倒立等动作(图6-6)。

盘鼓舞还有一种特殊的表演形式，就是两人叠加进行表演，表演者往往是一成人和一儿童。这种

图6-4　画像石《盘鼓舞图》之一（山东沂南出土）

图6-5　画像石《宴请、舞蹈、出行图》（山东嘉祥出土）

表演形式无论是下面的倒立者还是上面的儿童,对他们的力量和平衡能力都提出了较高要求,难度较大。例如,在山东嘉祥出土的画像石《双人盘鼓舞图》(图6-7)的画面中,一人双手按鼓,全身凌空倒立,有一儿童在其足底单手倒立,呈腾空状,儿童下肢弯曲,贴近腹部团身,另一只手向前伸直,似表演倒立平衡动作。画面中另有一人双袖飞扬,踏鼓而舞。

图6-6　画像石《盘鼓舞图》之二（山东济宁出土）

图6-7　画像石《双人盘鼓舞图》
（山东嘉祥出土）

　　盘鼓舞是一种活动强度很大的舞蹈,对身体素质的要求较高,舞蹈艺人不仅要在盘、鼓上来回跳跃,配合有节奏的鼓声,还要完成各种高难度的动作。节奏急速时,舞蹈艺人"似飞凫之迅极,若翔龙之游天",在连续且急速向前的跳跃中踏鼓而舞;节奏舒缓时,则如"翩鹢燕居",动作轻柔舒缓。最令人惊讶的则是,技艺高超的艺人可以"却蹈"而舞,即在退却的步伐中踏鼓而舞,"若将绝而复连",能达到"鼓震动而不乱,足相续而不并"的程度。这也就是说,他们踏鼓的节拍要中节,不能凌乱,两足不能并立于同一鼓面上,前足踏在前鼓上时,后足要恰好蹬离后鼓,双足连续跳跃不断,其难度不可谓不大。

　　画像石《乐舞图》(图6-8)的画面中有一女舞者高髻束腰,手舞长袖,踏盘而舞,左有一女在一樽上做倒立动作,另有一女侧身向上并挥舞手臂进行伴舞,右有一俳优举旗指挥,旁有两女性舞蹈艺人伴歌舞相和。

图6-8　画像石《乐舞图》（河南南阳出土）

画像石《盘鼓舞、飞丸、倒立图》(图6-9)的画面左侧有一表演艺人跪坐,持一管乐器进行吹奏,旁边一艺人亦跪坐,并且一手摇拨浪鼓,一手持排箫吹奏。画面中间有一舞女,挥袖跳盘鼓舞,其右边是一俳优,袒胸露肚,赤膊上阵,左手托一壶,右手执两飞丸。画面最右侧有一艺人在樽上做倒立表演。

图 6-9 画像石《盘鼓舞、飞丸、倒立图》(山东沂南出土)

画像石《杂技、盘鼓舞图》(图6-10)的画面分为两层。在上层画面中,中间一人手执长稠挥动起舞,双脚腾空;左侧两人中一人手上举,双腿做劈叉动作,另一人和其对舞;右侧一人踏鼓而舞,另一人进行跳丸。在下层画面中,中间一人手托盘型器具高高跃起;左侧一人跪地并且左臂前伸顶一带柄环状器物,另一人跳七盘舞;右侧两人全身舞动,正在作柔术表演。

图 6-10 画像石《杂技、盘鼓舞图》(浙江海宁出土)

第二节 | 建鼓舞

　　建鼓，古称足鼓、晋鼓、楹鼓、植鼓、悬鼓，意为"立起来的鼓，建起来的鼓"，鼓身中间垂直贯穿一根木柱，并牢固植于一个鼓座上。汉代建鼓多以流苏羽葆作装饰，羽葆以野鸡尾毛制成，羽葆中间的幢上有流苏，用丝帛之类的面料制成，随风摆动。鼓的左、右分别站两人执桴击鼓。建鼓历史悠久，三千年前的商代至西周之际已有此鼓，是我国出现最早的鼓种之一，战国时期已广泛应用，有不少文献资料对其进行了介绍。《国语·吴语》中对其有"载常(常：旗名，画日月于其端)建鼓，挟经秉枹(经：兵书，枹：鼓槌)，万人以为方阵"的相关记载。《周礼》中则记载："'将军执晋鼓'。建，谓为楹而树之。"《礼记·明堂位》中记载："殷楹鼓"，注解为："楹，贯之以柱也。"战国时期铜器上镂刻的花纹图案和各地汉代画像石刻画的内容中均有敲击建鼓的图像。据《隋书·音乐志》记载："建鼓，夏后氏加足，谓之足鼓。殷人柱贯之，谓之楹鼓。周人悬之，谓之悬鼓。近代相承，植而贯之，谓之建鼓，盖殷所作也。"《旧唐书》与《隋书》所记相同。

　　建鼓在汉代有多元化的社会功能，在百戏中可作为乐器进行娱乐，在军事训练中可作为信号工具进行指挥，在宗庙祭祀活动中可作为法器使用。建鼓用于军队作战中时，利用击鼓来指挥进退。《左传·哀公十三年》中记载："日旰矣，大事未成，二臣之罪也。建鼓整列，二臣死之，长幼必可知也。"孔颖达注解道："建，立也。立鼓击之与战也。"韦昭对《国语·吴语》中"十旌一将军，载常建鼓，挟经秉枹"一句注解道："鼓，晋鼓也。按《周礼·地官·鼓人》'以晋鼓鼓金奏'"，郑玄则注解为："晋鼓长六尺六寸。"《汉书·何并传》中记载："林卿既去，北渡泾桥，令骑奴还至寺门，拔刀剥其建鼓。"颜师古注解道："建鼓，一名植鼓。建，立也，谓植木而旁悬鼓也。县有此鼓者，所以召集号令，为开闭之时。"《文献通考·乐九》中则记载："陈氏《乐书》曰：《明堂位》曰：'殷楹鼓。'以《周官》考之，《太仆》：'建路鼓于大寝之门外。'《仪礼·大射》：'建鼓在阼阶西南鼓。'则其所建楹也。是楹为一楹而四棱也，贯鼓于端，犹四植之桓圭也。《庄子》曰：'负建鼓。'建鼓可负，则以楹贯而置之矣。《商颂》曰'置我鞉鼓'是也。魏晋以后，复商置而植之，亦谓之建鼓。隋唐又栖翔鹭于其上，国朝因之。其制高六尺六寸，中植以柱，设重斗方盖，蒙以珠网，张以绛紫绣罗，四角有六龙竿，皆衔流苏璧璜，以五彩羽为饰，竿首亦为翔鹭，旁又挟鼙、应二小鼓而左右。然《诗》言'应田县鼓'，则周制应田在县鼓之侧，不在建鼓旁矣。"除了各类史籍资料的相关记载外，在各地出土的汉代画像石中均可见刻画的内容丰富、形式多样的建鼓舞。

　　画像石《建鼓、蹴鞠、奏乐图》(图6-11)的画面左侧设置一建鼓，建鼓上饰有羽葆，建鼓左侧之人一边蹴鞠，一边跳长袖舞，在其长袖向后飘甩的同时，用膝关节将球顶起，建鼓右侧之人则一边展示蹴鞠技艺，一边击鼓。

图 6-11　画像石《建鼓、蹴鞠、奏乐图》（河南南阳出土）

　　画像石《建鼓舞、奏乐图》(图6-12)的画面上部有一建鼓，有两人持锤击鼓并于两侧起舞。画面下部有三个表演艺人，在演奏排箫、鼗鼓等乐器。

　　画像石《建鼓舞图》(图6-13)的画面中树有一建鼓，两艺人手执鼓槌，边击边舞，右边有一人侧立，为观舞者。画像石《建鼓舞、奏乐图》(图6-14)的画面上部有一建鼓立于虎座上，羽葆在鼓两侧平飘，两侧各有一人，持双槌一边击鼓，一边跳舞。画面中另有伴奏和舞者五人，一人执槌击磬，两人吹排箫，一人舞长袖，一人伴唱。

图 6-12　画像石《建鼓舞、奏乐图》（河南南阳出土）

图 6-13　画像石《建鼓舞图》局部（山东平邑出土）

图6-14　画像石《建鼓舞、奏乐图》局部（山东济宁出土）

　　画像石《建鼓舞、弄丸图》(图6-15)的画面正中立有一建鼓，其左、右两人执桴击鼓作舞，二人皆赤膊上阵，大肚前挺，有一大肚艺人在做四丸表演，另有一艺人做空翻动作。画面左侧有一老者和侍从在观看，右侧站立一女子。

图 6-15　画像石《建鼓舞、弄丸图》（江苏睢宁出土）

画像石《建鼓、舞乐、杂技图》(图6-16)的画面中间置一建鼓，中间鼓侧两人皆头戴冠，身着长襦，双手执锤，一边击鼓，一边舞蹈。右侧画面为百戏表演场景，戴面具之人跳四丸，旁边一人高髻束腰，舒展长袖并踏鼓起舞，一人顶碗单手倒立于樽上。画面左侧有伴奏乐伎，分别打击鼙鼓、吹竽、吹排箫。

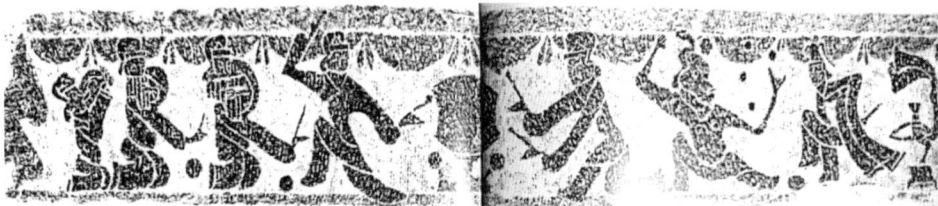

图 6-16　画像石《建鼓、舞乐、杂技图》（河南南阳出土）

画像石《建鼓舞、观乐舞图》(图6-17)的整个画面分四层，从上至下的第一层为观看乐舞表演的场景，男、女主人分坐左、右，观看长袖舞，听琴乐；第二层为赏乐场景，乐人分别摇鼗鼓、吹排箫、吹笛、吹笙；第三层为建鼓舞表演场景，兽形底座上撑有一建鼓，其左、右二人执鼓，一边击打，一边跳舞，画面左侧有一人挥袖起舞，还有一人倒立，画面右侧有一人弄丸表演。

画像石《舞乐、庖厨图》(图6-18)的画面上层为建鼓乐舞的表演场景。画面左侧竖一建鼓，兽形底座，三脚架杆上羽葆飘两旁，鼓兽有两人执鼓槌，边舞边击鼓。画面右侧一女子长袖起舞，一男子赤膊弄丸。画面上方有五人奏乐，分别摇鼗鼓、吹排箫、抚琴、击节，整体刻画出热闹的歌舞场景。

画像石《建鼓、杂技、奏乐图》(图6-19)将建鼓、奏乐、倒立和弄丸等表演与杂技场景绘于同一画面中，画面分上、下两层，上层有三乐人奏乐，分别抚琴、击节、吹竽，下层为建鼓杂技表演的场景，建鼓为虎形底座，左、右二人执鼓槌，一边击鼓，一边跳舞，左侧一人倒立，右侧一人做九丸表演，突显出表演者的高超技艺。

图6-17 画像石《建鼓舞、观乐舞图》（山东嘉祥出土）

图6-18 画像石《舞乐、庖厨图》（山东嘉祥出土）

图6-19 画像石《建鼓、杂技、奏乐图》（山东嘉祥出土）

画像石《建鼓舞、奏乐、厨炊图》(图6-20)的画面分三层，上层是正在奏乐的艺人；中间为建鼓舞和倒立等表演场景，建鼓为虎形底座，建鼓上饰有羽葆，羽葆飘带直接飘过两侧鼓手；下层为厨炊的场景。

画像石《建鼓、庖厨图》(图6-21)的画面中从上至下的第二层是建鼓舞表演场景，建鼓为虎形底座，建木上端有三层羽葆，两侧各有一人持鼓槌进行击鼓表演，左侧有一人吹竽，还有一人击磬，右侧下方有一女艺人在做倒立表演。画面的第三层刻画了庖厨场景。

画像石《宴乐图》(图6-22)的画面分为两层。上层画面为宴乐的场景，在宴会中招待客人的同时还在进行各类的乐舞、杂技表演，呈现出热闹喧腾的场景。画面中间有一阁楼，阁楼下有两人在下六博棋，阁楼左侧是宴饮的场景。左侧刻有儿童拿罩捕鱼。阁楼右侧刻画了两人执桴击鼓跳舞的场景，建鼓顶端斜置两道长索，索顶有一人表演双手倒立。下层为车马出行的场景，由骑吏、辎车、轩车构成。

图6-20 画像石《建鼓舞、奏乐、厨炊图》（山东嘉祥出土）

图6-21 画像石《建鼓、庖厨图》（江苏徐州出土）

图6-22 画像石《宴乐图》（江苏邳州出土）

在画像石《舞乐、建鼓、庖厨图》(图6-23)的画面中，第一层从左至右的场景分别是一人吹笙、一人吹箫、一人表演倒立、一人表演长袖舞。第二层画面中心有一建鼓，兽形跗座,上有幢,装饰有羽葆流苏,两人持槌击鼓,呈弓步姿势,显示用力之大,画面左侧有一乐人抚琴,右侧有一人振铎击磬。

画像石《女子建鼓舞图》(图6-24)的画面中间立一建鼓,建木顶端饰有羽葆,羽葆上有二龙,龙上又有二鸟,图像边饰菱形纹。建鼓两侧各有一人持桴边鼓边舞,两人手臂皆舒展,身体后仰,显示出用力击鼓的动作之大,从穿着服饰及身形来看,两个鼓手似为女性。

画像石《建鼓舞、绳技图》(图6-25)的画面中间刻一建鼓,幢木高耸,顶端斜拉

图6-23　画像石《舞乐、建鼓、庖厨图》(江苏徐州出土)

两根绳索,建鼓两侧有二人持桴击鼓,幢上两侧斜索上的伎人正紧张地表演着缘绳翻身之戏。

图6-24　画像石《女子建鼓舞图》(江苏徐州出土)

图6-25　画像石《建鼓舞、绳技图》局部(江苏徐州出土)

从上述出土的众多汉代画像石中可以看出,建鼓舞往往和飞丸、长袖舞、倒立等多种动作技艺及音乐演奏场景集于一幅画面,表演不是对单一技艺的展示,而是集舞蹈、杂技、音乐等多种表演形式为一体的综合性表演,显示了汉代百戏内容的多样性。

第三节 | 长袖舞

在已出土的汉代画像石和画像砖中，可以看到大量的婀娜优美的舞蹈形象。无论是盘鼓舞，还是建鼓舞、傩舞等舞蹈中，都刻画有许多形象灵动、弯腰甩袖、身姿优美的长袖舞者。这些表演者衣袂飘飞，动作流畅，使整幅画面充满动感和艺术气息。

各类舞蹈表演尤其是长袖舞，是各地出土的汉代画像石中常见的内容，并且舞蹈经常随着音乐演奏和其他身体技能的表演展示一起出现。长袖舞在秦代以前已经存在，曾是战国时期楚国宫廷的风尚，汉人继承楚人艺术，长袖舞更为盛行。楚国的舞蹈大多是通过挥舞长长的衣袖和展现弯折纤细、柔弱的腰肢，来表现肢体的艺术魅力。舞女多是长袖细腰，有的腰身蜷曲，能使后背蜷成环状，如我国戏剧中的下腰动作，京戏中的水袖动作颇似古代舞蹈中的舞长袖动作。汉人傅毅在《舞赋》中形容长袖细腰的舞女为"体如游龙，袖如素蜺"，戚夫人的翘袖折腰之舞正是这种舞姿的代表。《西京杂记》(卷一，《戚夫人歌舞》)中记载："高帝戚夫人善鼓瑟击筑。帝常拥夫人倚瑟而弦歌，毕，每泣下流涟。夫人善为翘袖折腰之舞，歌《出塞》《入塞》《望归》之曲，侍妇数百皆习之。后宫齐首高唱，声入云霄。"此段话记载了刘邦喜欢看的爱姬戚夫人的"翘袖折腰之舞"便是指长袖舞。

在发掘的汉代画像石中，刻有的长袖舞内容包括了许多不同的舞蹈形式，多种舞蹈都以舞袖为特征。跳舞的人有男有女，舞蹈形式有单人舞、双人对舞和多人群舞，以单人独舞为主。

长袖舞带有鲜明的荆楚遗韵。画像石《长袖舞图》(图6-26)画面中的舞女长袖飘飞，神采奕奕，两旁的乐人排箫鼓瑟，吹埙击铙，场面热烈。在南阳汉代画像石砖中，也有数幅描绘长袖舞的画像。

图6-26　画像石《长袖舞图》局部（陕西榆林出土）

汉代画像石中刻画的长袖对舞场景,既有女子长袖对舞的形式,又有男女长袖对舞的形式。在江苏徐州发现的一幅汉代画像石中(图6-27),描绘了女子对舞的场景,画面中两名舞女细腰长袖,面目相对,甩袖而舞,神态飞扬,舞姿优美。

图6-27　画像石《六博、舞乐、车骑图》(江苏徐州出土)

作为百戏内容之一,长袖舞也多与其他娱乐活动内容结合在一起进行表演。例如,在画像石《奏乐、长袖舞、杂技图》(图6-28)中,画面左侧有一长几,旁边坐有乐手四人,左起第一人侧身跪坐,捧竽吹奏,竽管顶端装饰有羽葆或流苏之类的饰物;第二人和第三人正襟危坐,左手吹奏排箫,右手摇拨浪鼓,沉浸在音乐之中;第四人双手持竖管乐器演奏。长几右侧有两个舞女,都是高髻细腰装扮,折腰起舞,长袖平行甩出呈燕飞之状,右有一舞者做双手倒立表演。最右边的俳优头戴尖顶冠,赤膊上阵,后背双手作滑稽表演。

图6-28　画像石《奏乐、长袖舞、杂技图》(河南唐河出土)

画像石《舞乐表演、观赏图》(图6-29)的画面分为三层,画面上层左侧有两人对坐,一人呈坐姿仰面举手,其前有两壶,右边一人在鼓瑟;画面中间左侧三人奏乐,中间放置一樽,樽右侧有一长袖舞女在进行舞蹈;画面下层是进行六博游戏的场景,有两人执箸对博,并有一侍者和其他两人围观。

画像砖《长袖舞乐》(图6-30)的画面右侧,一舞伎甩掷长袖,婆娑起舞,另有一俳优穿着短裤,挺腹撅臀,舞臂作滑稽表演,画面左侧有三乐伎奏乐伴舞。

画像石《杂技表演》(图6-31)的整个画面由上至下分为四层,第一层中有建鼓舞、倒立伎人和双人格斗的场景,第二层刻画有两骑马人,第三层则是一艺人在表演长袖舞,另外两人抚琴击拍伴奏的场景。此画像石把多项活动内容集合在一起并刻在一块门阙上。

图6-29　画像石《舞乐表演、观赏图》(河南南阳出土)

图6-30　画像砖《长袖舞乐》局部(河南郑州出土)

图6-31　画像石《杂技表演》(山东莒县出土)

画像石《双人长袖舞图》(图6-32)的画面图案为线刻而成,画面中有两人长袖对舞,二人长袖飘飘,身姿婀娜,长袖经头顶飘舞,下面长袖交叉,形成图案,同时二人回头对望。

画像石《建鼓舞、长袖舞乐图》(图6-33)的画面中间刻画了建鼓舞表演的场景,左侧二人正在跳长袖舞,二人为一男一女,动作各异,翩翩起舞,画面右侧上方有一人在摇鼗鼓。

图6-32　画像石《双人长袖舞图》(山东郡城出土)

图6-33　画像石《建鼓舞、长袖舞乐图》(山东梁山县出土)

画像石《观舞、拜谒、乐舞图》(图6-34)的画面中刻有一高大厅堂,堂内为拜谒、乐舞的场景,主人踞坐于榻上,榻前有两人跪于席上向主人拜谒;画面下部有两人席地而坐,开口对话,其中一人身后有执金吾的侍卫;堂间有供主人观赏的乐舞,一女伎挥袖而舞,一男优进行滑稽表演,还有两名乐人伴奏,其中一人击鼓,另一人弹琴。

图 6-34　画像石《观舞、拜谒、乐舞图》（河南南阳出土）

画像砖《长袖对舞图》(图6-35)于1956年在四川省彭州市出土，画面中有两人戴冠，相对而舞，舞者长袖拂地，举袖齐眉，舞姿翩翩，右长袖拖地者为一女子，画面左、右两侧各有一人持便面相侍。

图 6-35　画像砖《长袖对舞图》（四川彭州出土）

画像石《长袖舞、弄壶图》(图6-36)的画面左侧有一女子高束发髻，杨柳细腰，双臂舒展，舞动双长袖翩翩起舞，右边之人面部表情夸张，一手拿鼗鼓，一臂前伸弄壶与左侧女子对舞。整个画面充满韵律，生动活泼。

百戏里还有一种由"俳倡"或"俳优"表演的节目。李尤在《平安观赋》中有"歌舞俳优，连笑伎戏"的记载，逗笑说唱的俳优是百戏中仅有的曲艺节目。"俳"，东汉许慎在《说文解字》中将其解释为"戏"，即带有一定故事情节的表演；"倡"，释为"乐"(音洛，快乐)，

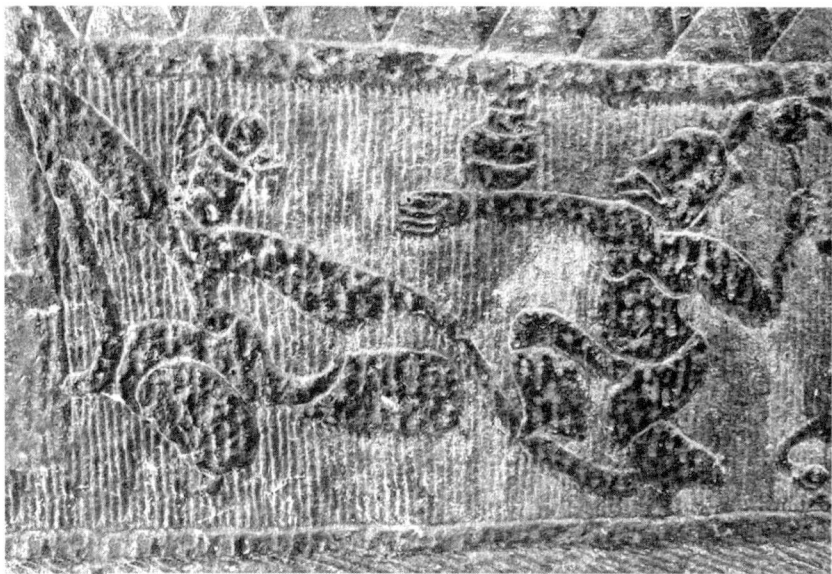

图 6-36　画像石《长袖舞、弄壶图》（河南南阳出土）

即能使人发笑的滑稽表演。根据《汉书·霍光传》中的记载："击鼓歌唱作俳优"，可见他们表演时是击鼓和唱歌的。而表演的节目据《魏书·王粲传》裴松之注引《吴质别传》道："质(吴质)黄初五年(224)朝京师，……时上将军曹真性肥，中领军朱铄性瘦，质召优使说肥瘦。"所谓"说肥瘦"可能已是说唱或戏曲表演形式的萌芽。❶

---

❶ 萧亢达. 汉代乐舞百戏艺术研究 [M]. 北京：文物出版社，1991：269-358.

第七章

汉代画像石中的驾驭与奔跑之术

汉代实行的是兵民合一的征兵制度,符合兵役年龄的青年都要应征受训。据《汉官仪》记载:"民年二十三为正,一岁以为卫士,一岁为材官骑士,习射、御、骑驰、战阵。"也就是说,士兵入伍受训的项目是"习射、御、骑驰、战阵"。孔子提倡的"六艺"是我国古代儒家要求学生掌握的六种基本才能,即"礼、乐、射、御、书、数"六种技能。随着马车向社会化和生活化逐渐发展,马前、马后的善于奔跑的"伍佰"也随之出现。

第一节 | 骑马技艺

汉初,汉军的兵种主要是步兵。汉高帝七年(公元前200年),刘邦率领三十二万大军北征匈奴,被困平城白登山七日(今山西省大同市东北马铺山),失败的主要原因是骑兵数量太少,步兵移动速度太慢,被匈奴骑兵截断后路,内外不能相救。平城战役失败后,汉代统治者吸取教训,大力发展骑兵,到汉武帝时期,汉军出赛远征的部队基本都是骑兵。汉文帝、汉景帝时期颁行"马复令",即用免服兵役的办法鼓励民间养马,并在中央和地方设立专管马政的机构,中央任命太仆管理,在地方设有马丞负责,这些官员负责马匹的饲养,以备军用。官马制度使西汉从汉初至汉武帝时期已有厩马四十余万匹。马匹数量的富足,使能够策马疾驰、骑术高超的骑手也大量涌现出来。

马匹数量的激增成为汉代骑兵发展的直接推动力。"车骑者,天下武备也",要巩固汉朝政权,抵御匈奴的侵袭,就必须大力发展养马业,壮大骑兵力量。汉文帝十四年,一次作战竟"发千乘,骑十万",为历史罕见,并且为了提高战斗力,每年都要大试骑兵。到汉武帝时期,更是增设了"八校尉",其中四校尉专管骑兵,并选择西北六郡善骑射的良家弟子组成羽林军。改车骑为以骑兵为主力的军制完成后,才有卫青、霍去病击匈奴的大胜利。画像砖《四骑吏图》(图7-1)与《二骑吏图》(图7-2)刻画的内容均展现了汉代骑兵的英姿。

此外,马术即骑马之术,是我国古代一项很重要的体育运动,包括赛马、马戏等。汉代马术运动中最为活跃的是赛马,在当时被称为"走马"或"驰逐"。早在公元前4世纪中叶的齐威王时期,赛马活动已经盛行于齐国,田忌与齐国诸公子"驰逐重射"时采用孙膑的建议而以弱胜强的故事流传至今。到了汉代,赛马活动日益兴盛,不仅流行于民间,而且流行于宫廷。

图 7-1　画像砖《四骑吏图》（四川博物院藏）

图 7-2　画像砖《二骑吏图》（四川成都出土）

　　在河南省郑州市出土的汉代画像砖《赛马图》（图 7-3），描绘了两名骑兵正在挥鞭驰马比赛的场景。该画像砖呈现的图像为一块小印模连续压印而成，二人一前一后骑马狂奔，前者一手握鞭，一手扬鞭催马。画面中马的四肢已成直线，仿佛看见其闪电般的奔跑姿态。后者扬鞭催马猛追，马的身体呈正面向前，与前马呈一定角度，刻画出马在狂奔中转弯的姿态。

图 7-3　画像砖《赛马图》局部（河南郑州出土）

　　马上技巧即马戏，表演者骑在马上做出各种惊险而优美的动作和造型，是汉代马术的另一种主要形式。在画像石《马戏图》（图 7-4）中，两小童各自在马上表演，两马相向奔驰，左边小童左手执马鞭，右手持曲柄幢立于马上，此即马戏中的"立骑"技艺；右边小童双手执手戟紧扣于马背之上，横体腾空，双足后翘，马蹄腾飞，展示出了精湛技艺。

图 7-4　画像石《马戏图》局部（山东沂南出土）

第二节｜御车之术

《周礼·保氏》中记载道："养国子以道，乃教之六艺：一曰五礼，二曰六乐，三曰五射，四曰五驭，五曰六书，六曰九数。"这就是所说的"通五经，贯六艺"中的"六艺"。郑玄对其注解道："五驭：鸣和鸾，逐水曲，过君表，舞交衢，逐禽左。"也就是说行车时鸣和鸾之声相应和，车随曲岸疾驰而不坠水，经过天子的表位时有礼仪，过通道时驱驰自如，行猎时追逐禽兽并从左面射获。《吕氏春秋·博志》中记有"养由基矫弓操矢""尹儒学御，三年而不得焉"，可见驾驭车马涉及各种技术和相关要求，对身体素质和反应能力都有着较高的要求，需要进行长时间系统的训练。

汉代画像石中刻画的车马出行场景，包括车辆编队、车骑编队与人车、人马编队等，显示了汉代车辆、车骑的大量使用。战车由春秋战国时期的战争使用开始，至汉朝已改为更轻便的辂车与轩车，车骑的使用也更加广泛和生活化，对驾驭之术的要求也更加普遍。

画像石《车马出行图》(图7-5)中的画面描绘了浩浩荡荡的车骑出行场面。一导骑策马飞奔，身后五辆辂车骑紧随其后，均有一乘坐人和一驾车人，马匹四蹄蹬跨呈腾空状，表现出众车骑的疾驰之感。

图7-5　画像石《车马出行图》之一（河南唐河出土）

图7-5中出现的车辆为辂车，是一种轻便马车，用以载人，车厢四面敞露，中间竖有车盖，一般用一匹马驾车，也有用两匹马的，行驶轻快，据考是由战车演变而来。辂车使用比较广泛，是一般人常用的车子。《汉书·平帝纪》中记载："亲迎，立辂并马。"颜师古注引服虔道："辂，立乘小车也。并马，骊驾也。"由此可见，这是用两匹马拉的辂车。《史记·季布栾布列传》中则记载："朱家乃乘辂车之洛阳，见汝阴侯滕公。"司马贞对比索隐道："谓轻车，一马车也。"据《晋书·舆服志》记载，"汉世贵辎軿(即辎车)而贱辂车，魏晋重辂车而贱辎軿"，说明了车辆由重而轻的转变，轻便车骑至汉代使用更加普遍，也由主要

应用于军事用途转为官、民的普遍使用。轺车又可用作驿车，称为"轺传"，车的造型轻便简洁，车轮较大，行进过程中相对比较平稳，且由于车身轻便，一匹马拉着，速度较快。车辆的变化，使其应用更加广泛，同时对驾驭车夫的需求也进一步增加，汉代的驾驭技术也随之提升。

　　画像石《车马出行图》(图7-6)的画面左侧有两个导骑者，二人持弩，均高高举起，有开道之势，画面中间是一鼓车，车上立一建鼓，有一击鼓者，画面右侧有一辆轺车，也是主人所乘坐的车辆。从画面中对马四腿的蹬跨动作的刻画，仿佛可以看到车马疾驰的场面。从整体画面判断此画像石刻的应为达官贵人们狩猎出行途中的场景。

图7-6　画像石《车马出行图》之二（河南唐河出土）

　　画像石《步行、骑马出行图》(图7-7)上刻有八人，右起二人为女性，皆长衣曳地，拱手站立。第三人戴冠持节，侧身而立。第四人双手握剑，有迈步拔剑之势。中间两人骑马，头戴冠，身着深衣，手执槊戟，策马疾驰。左侧二人分别肩扛弩和戟为前导。整幅画面表现的是步行、骑马出行的场景。

图7-7　画像石《步行、骑马出行图》（河南唐河出土）

　　画像石《百戏、车马出行图》(图7-8)的画面分为上、下两层，上层为宴饮百戏的场景，在饮酒尊者一旁，有艺人表演弄壶、踏鼓舞，并有人击节伴奏。下面为车骑出行的场景，有一轺车和辎车，其前分别有持戟骑马的侍从引导，可见主人身份的尊贵。

89

图 7-8　画像石《百戏、车马出行图》（河南南阳出土）

画像石《官吏出行图》(图 7-9)的画面右侧有一轺车，由三匹马驾驭，尊者端坐车中，驾驭者挽缰扬鞭，车前有两排骑手，都手持刀剑，肩扛棨戟作前导。该画像石中刻画的骑从者多达八人，前后整齐排列，气势逼人，威武不可侵犯，可见主人身份不同一般。据《后汉书·舆服志》记载，"公以下至二千石，骑吏四人，千石以下至三百石县长，从二人，皆带剑持棨戟为前列"。因此有专家推断，此画面中的官吏身份不在太守以下。

图 7-9　画像石《官吏出行图》（河南南阳出土）

画像石《拜谒、车马出行图》(图 7-10)刻画的是车辆、单骑、步从混合的一幅出行画面。画面底层刻画的为出行画面，左起有两轺车，其后有两执戟骑士，紧随的是手执便面的伍

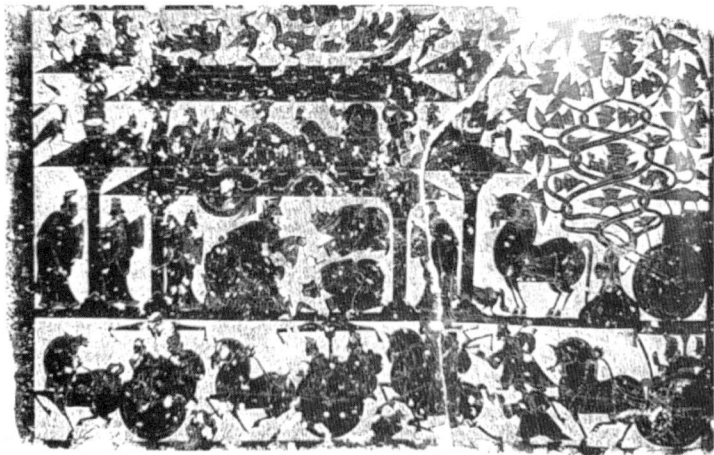

图 7-10　画像石《拜谒、车马出行图》（山东嘉祥出土）

佰，最后是主车，即一辆四维辒车。出行队伍最后的车辆为主车，在辒车的车盖至舆间饰有四条飘带，称为四维辒车，二百石以上官吏才能乘坐。

图7-11是一画像石的局部画面，与图7-10的构图极为相似。画面中有辒车三辆，均配有伞盖，中间有两骑，而骑手肩扛幡旗，紧随其后的是两个跑步的伍伯，肩负梃杖，一人吹管状乐器，似在发布号令。整个画面刻画出马匹飞奔以及伍佰紧随不舍的急行军景象。

图7-11　画像石《车马出行图》之三局部（山东嘉祥出土）

画像石《车马出行图》（图7-12）的画面中有四辒车向左行进，其中有右肩负棨戟的骑吏，有手持箭弩、梃杖和便面的伍佰，还有扛棒和鞭的骑从。画面中四辒车前方马匹头上的饰物均向后飘起，显示其奔跑速度之快。出行车辆速度越快，越需要高超的驾驭技巧和能力，以及灵敏的反应能力，对身体素质都有着较高的要求。画像石《车马出行图》（图7-13）刻画的是由导骑和双马辒车组成的出行画面，画像石《车马出行图》（图7-14）刻画的是由导骑、辒车和辒车组成的出行画面。

图7-12　画像石《车马出行图》之四（山东沂南出土）

图7-13　画像石《车马出行图》之五（江苏徐州出土）

图7-14 画像石《车马出行图》之六（江苏徐州出土）

画像石《车马出行宴乐图》（图7-15）是在四川省成都市羊子山1号汉墓出土的画像石。画像石的前半部刻画了车马出行场景，由六块小的画像石组成，描绘了墓主人生前出行时的宏大场面。整组画面共有车乘12辆，骑吏34人，步卒18人，马56匹。此图从左面起看，两个伍佰前行引导，六单骑呈双排前行，后紧跟轺车。从前面伍佰的领跑，再到六单骑策马疾驰，以及轺车马匹的嘶鸣狂奔，可谓气势磅礴，浩浩荡荡。

画像石《车马出行图》（图7-16）上刻画了一辆单独轺车，车上有一名驾驭车手和一名乘坐者。驾驭者正努力控制狂奔的马匹，马匹前蹄腾空竖起，带动整个身体几乎完全腾空。由此画面可见，驾驭者不仅需要高超的驾车御马本领，还需要有胆识和勇气。

图7-15 画像石《车马出行宴乐图》局部（四川成都出土）

图7-16 画像石《车马出行图》之七（江苏徐州出土）

画像石《车马出行图》（图7-17）的三幅画像石是安徽宿州褚兰汉墓出土的多幅车马出行图，出行画面由伍伯、骑马者、乘车者、御马者、轩车、轺车和良马共同构成。此画像石在雕刻技法上采用了东汉时期的画像石最常用的雕刻方法，即平地浅浮雕或剔地浅浮雕，细部特征使用线刻手法进行造型修饰，使图像呈现质感和立体效果。车马及人物形象采用了绘画技法中的白描手法，弩箭手的步履稳健、衣纹流畅，显得格外潇洒。画面中对车、马及人物形象的描绘体现出了一种流畅的动态感，并将运动中的力量、速度和人物形态表现得淋漓尽致。同时，此出行图中的车辆銮铃和鸣，彩带飘摇，装饰华丽，显示出汉代达官贵人乘坐豪车的气势。

图 7-17　画像石《车马出行图》之八（安徽宿州出土）

第三节｜奔跑的伍佰

　　奔跑能力是人类的本能，奔跑能力基本可以反映出人们的身体素质和健康状况，通常而言，奔跑能力强是身体素质高的主要体现。汉代长期处于与匈奴的战争中，无论是战争对抗，或是生活需求，还是健康需要，整个社会从上至下都非常重视对奔跑能力的训练，锻炼强健的体魄，因此有诸多奔跑的伍佰形象在汉代画像石中普遍出现。

一、奔跑能力是士兵具备的基本功

　　汉代的军事配备是步、车、骑混合兵种编队，在北边作战远征的军队主要是骑兵，驻守边塞和运输补给的任务，则主要由步兵、车兵来承担。汉武帝元狩四年，派遣大将军卫青和骠骑将军霍去病，各率五万骑兵出塞去进攻匈奴主力军，而为这次大军做后勤工作的是"步兵转者踵军数十万"（《前汉书·卫青霍去病传》）。后勤步兵的人数超过骑兵部队数倍,这就是汉代军事战争中的形势。在出塞远征的部队中也不全是骑兵,由于长期战争的消耗,在汉武帝时期出塞远征的军队中就已缺少马匹了。李广的孙子李陵是一员骁将,他怀有雄心壮志,主动向皇帝请求带兵出塞进攻匈奴,但是汉武帝以缺乏马匹为理由,要他耐心等待些时候。李陵在《汉书·李广传》中自述雄心要率领步兵出塞作战,"臣所将屯边者,皆荆楚勇士奇材剑客也"。李陵所说的"勇士""奇材",就是说屯边将士虽然没有马骑,但是却能起到骑兵的作用,他们能够克服塞外的荒凉,具有长途跋涉和长途奔袭的能力。李陵的话终于打动了汉武帝,允许李陵率五千步兵出塞远征。这段史料说明了汉代军队沿袭了战国训练军队的思想,重视对士兵体能的训练。《汉书·甘延寿传》中记载,甘延寿"善骑射",被选拔为羽林军,是因为其考核体能的成绩优秀,"投石、拔距、绝干等伦。尝超逾羽林亭楼,由是迁为郎"。可见体能训练在军队训练中占有重要位置。❶

二、与车马相随的伍佰

汉代除了军队的士兵需要具有极强的奔跑能力之外,社会上的多种场合和活动中也均需要具有奔跑能力强的专业人群,他们需跟随马车跑步或者是在官吏马车前跑步开道,"伍佰"也就顺势出现(图7-18)。唐人李贤在《后汉书·宦者传注》中引韦昭的《辨释名》:"五百字为伍伯。伍,当也。伯,道也。使之导引当道陌中以驱除也。"伍佰就是汉代官吏

图7-18 画像砖《车马、伍佰图》(四川博物院藏)

出行马车前的开道小吏。按照汉代的礼制规定:"车前伍伯,公八人,中二千石、二千石、六百石,皆四人;自四百石以下至二百石,皆二人"(《后汉书·舆服志》)。从公爵到二百石一级的小官吏,外出时的马车前都有开道的伍佰,按编制自二人至八人不等,就编制职位所需要的人数而言已经是相当多了,而为了谋求这一职业去练习长跑的人数则更多。汉代社会层面职业的需要和军队士兵训练的要求,促进了长跑运动的广泛

❶ 刘秉果,赵明奇.汉代体育 [M].济南:齐鲁书社,2009:90-91.

开展。

画像砖《四伍佰图》(图7-19)的画面中有四个伍伯,四人均头上裹着帻,身穿短衣,其急速奔跑的形态刻画极为逼真。前面奔跑的二人肩上扛着长矛,一手持刀,鸣声开道,后面两人手上拿着戟矛,迈开大步奔跑着,画面左侧上方一人正回头观望后面,似乎在留意自己不能距车马太远。

汉代画像石图像中有大量的官吏出行图,刻画的是汉代官吏出行仪仗的情景。根据职位的高低、官职的大小以及出行的队伍数量,将轺车、单骑和步卒分为不同的组合。画像砖《出行、伍佰图》(图7-20)的画面中只绘有单一的伍佰奔跑于马前侧,此画面描绘的应是当时一小吏的出行情景。

图7-19　画像砖《四伍佰图》(四川德阳出土)

图7-20　画像砖《出行、伍佰图》(四川博物院藏)

图7-21的画像石画面为某一《车马出行图》的局部画面,此图表明无论伍佰在车前还是马后,都必须跟随上车马或单骑的速度,需要极强的耐力和奔跑能力,并且往往需要跟随马车跑几十里路。

图7-21　画像石《车马出行图》局部(山东嘉祥出土)

图7-22所示画像砖画面是一幅大型的车马出行图,画面分为上、下两层。在上层画面中,主车为一辆四维轺车,主车前有一辆无盖车和一辆轺车作为前导。车辆两侧有八骑吏、四伍佰,其中有四个骑吏肩扛幡旗,一名伍佰执弩,两名伍佰佩剑、执便面。主车后还有执棒的骑吏,以及一辆轺车、一辆軿车和一骑吏随从。在下层画面中,主车也是一四维

辑车，主车前有三辆辑车作为前导，车辆两侧有四个肩扛幡旗的骑吏，另有十六名伍佰，伍佰或吹奏管乐，或配弩持箭，或手持便面，主车后有三个执棒骑吏以及一辆辑车随从。整幅画面气势宏大，人物众多，骑吏、伍佰各司其职，多而不乱，显示了汉代骑兵和步兵的训练有素，特别是伍佰长期的奔跑训练，速度丝毫不落后于车、骑。

图7-22　画像砖《车骑、伍佰出行图》（山东安丘出土）

前文中已介绍过四川省德阳市出土的汉代画像砖《四伍伯图》(见图7-19)，其刻画了伍伯在车前奔跑的形象。但是伍伯的奔跑速度究竟有多快，又有多久的耐力，仅凭这四个人的奔跑姿势是难以推断的。而在四川省新津县出土的汉代画像砖《伍伯、车辆出行图》(图7-23)，其画面中奔跑的伍伯有了参照物，既有奔跑的伍伯，又有奔驰的马车，刻画了伍伯与马车赛跑的场景。画面中的车为单马驾驶，马扬蹄疾奔，在车前有两名手执便面或兵器的伍佰鸣声开道。藏于四川博物院的画像砖《伍佰、单骑出行图》(图7-24)，刻画的是四名伍佰和两名单骑的出行情景，前面四名伍佰的武器装备、服饰、奔跑动作，甚至转头姿势都和图7-19中的伍佰极为相似，伍佰后边的两名单骑则呈现四蹄腾飞、奋力奔驰姿态。通过对比观察会发现，徒步的伍伯总是跑在奔马的前面，这就不难看出，伍伯的奔跑能力非同一般，他在与马匹比速度和耐力，具有超常的奔跑能力。

图7-23　画像砖《伍佰、车辆出行图》（四川新津出土）　　图7-24　画像砖《伍佰、单骑出行图》（四川博物院藏）

出土于四川省彭州市的画像砖《六伍佰图》(图7-25)，纵25.5厘米，横44厘米。此画像砖浮雕有前驱伍伯六人，皆呈跨步飞奔姿态。前两人肩荷长矛，口中吹管，后四人右

手执棒，左手执戟。从画面中伍佰皆呈左腿前跨、右腿蹬地向前倾斜的形态也可以看出，他们奔跑的速度是相当快的。

汉代官吏出行的礼仪是车前有导骑，并且有伍伯在车前开道。但在画像砖《车骑、伍佰出行图》(图7-26)的画面中官吏的车后还有仆从，他们手拿主人常用的物品跟随在车后奔跑，到达目的地后便要执役侍奉主人。这说明官吏外出时，除了礼制规定的伍佰要徒步跟随马车外，有些还有仆从相随，从发髻样式上判断其中一人可能是女性。这辆马车中坐的人可能是官吏的家属，也可能是富室大家，在外出时需要带仆从，也需要有人徒步跟随马车跑步。如果这种推断是事实，那么汉代跟随马车跑步的人不只有伍伯，还有仆从，也就是说，汉代使用仆从的人不只是官吏，还有富人。因此，汉代社会中跟随马车跑步的伍佰及仆从数量也就更多了。

图7-25　画像砖《六伍佰图》（四川彭州出土）

图7-26　画像砖《车骑、伍佰山行图》（河北沧州出土）

图7-27为某一画像石局部，刻画了车、骑、伍佰的出行情景。画面中有一辆主车为四维轺车，其前有一导车、二导骑，后有两个步卒。画面呈现了车、马、人形成的队伍在奋力前行的场景，两名伍佰手持便面，紧随狂奔车、马之后，身体大幅度前倾，突显其奔跑速度之快。

图7-27　画像石《车、骑、伍佰出行图》（山东嘉祥出土）

画像石《持械伍佰、车马出行图》(图7-28)中部刻画的是一驾一乘的轺车，其前后有三名伍佰相伴，前面的伍佰持刀荷戟作为前导，车后的两名伍佰则荷长刀、带盾牌紧随车辆，以保护主人和车骑。

图7-28　画像石《持械伍佰、车马出行图》（四川合江出土）

三、随马的仆从

汉代社会贵族富室出行的工具一般是马车，在军队大力发展骑兵的同时，骑马也成为汉代社会中一种常见的出行方式，道路上也有骑马的官绅，在官绅的马前马后也有徒步跟随的仆从。在河南省登封市出土的启母阙上的汉代画像石《骑马、仆从出行图》(图7-29)中刻画了两骑奔驰的马，在马后有一荷戟的步卒随马奔跑。骑马的两人身份尚不能确定，但是跟在马后跑步的伍佰应是仆从，他们负责保卫主人、侍奉主人，要时刻跟随在主人的身后，因此要具有能跟随上马的速度的奔跑能力。

图7-29　画像石《骑马、仆从出行图》（河南登封出土）

汉代官吏仪仗队中有伍佰，贵族出行有跟随车、马的仆从，他们需要跟随车、马外出并跑步跟进，可见汉代具有长距离奔跑能力的人数还是相对可观的。汉代社会对具有长跑能力的人也是称赞的，文献中有多处夸赞奔跑能力的赞词，"夏桀殷纣，手搏豺狼，足追四马，勇非微也"（《史记·律书》）；"孔子……勇服于孟贲，足蹑郊菟，力招城关，能亦多矣"（《淮南子·主术训》）；"齐王建有三过人之巧"（《淮南子·泰族训》）。此外，汉人高诱在《淮南子注》中记载道，"力能引强，走先驰马，超能越高""足追四马，足蹑郊菟，走先驰马"，这些描述的话语都是用来形容伍佰奔跑能力的，将其称作奇才异能，值得夸赞。

第八章

汉代画像石中的百戏技艺

"百戏"一词产生于汉代,是我国古代汉族民间表演艺术的泛称。《汉文帝篡要》中记载道:"百戏起于秦汉曼衍之戏,技后乃有高絙、吞刀、履火、寻橦等也。"百戏是对汉族民间诸技的称呼,包括杂技、角抵、幻术、游戏等,尤以杂技为主,最晚起于秦汉之时。百戏中含有大量的跳跃、腾空、倒立、技巧等内容,对于表演者的身体素质有着较高的要求,许多高难度动作的完成是需要弹跳力、协调性、柔韧性及平衡能力、判断力和勇气的。百戏中的各类竞技内容和动作经过几千年的流传演变,成为民族体育项目和杂技表演的内容,至今许多体育项目的动作中仍带有其明显的印记。

第一节 | 百戏概说

百戏在汉代被称为"角抵戏",包括找鼎、寻橦、吞刀、吐火等各种杂技幻术,装扮人物的乐舞,装扮动物的"鱼龙曼延"以及舞蹈和器乐演奏,还包括讲述简单故事的"东海黄公"等综合性娱乐节目。据《汉书·武帝纪》记载,"元封三年春,皇家在京师举行百戏表演,三百里内皆(来)观"。❶《汉武故事》中记载了角抵戏的发展过程:"未央宫中设有角抵戏。角抵者,六国所造也,秦并天下,兼而增广之,汉兴虽罢,然犹不能绝,至上(武帝)复采用之,并四夷之乐,杂以幼童,有若鬼神,角抵者,是角力相抵触者也。"

汉高祖刘邦灭了秦、楚,定鼎兴邦之后,国势并不强盛,对匈奴采取"和亲"政策,以避强敌。经过了文景之治,到了汉武帝刘彻时期,国力才开始强盛起来。他两次派兵沉重打击了匈奴入侵的顽固势力,巩固了边防,社会生活日益安定。汉初在经济政策上兴修水利,推行了新田器和新耕作法等进步农业技术,使农业生产得到恢复和发展,工商业也逐渐繁荣起来。由于社会经济的发展和人民生活的需要,民间舞蹈、竞技表演和杂技艺术也相应得以发展。为了适应国家在政治、外交上的需要和对娱乐活动的需求,汉代统治者十分重视这些具有表演性、竞技性、技巧性的演艺活动,使先秦时期的角抵戏得到进一步发展,并吸收了国外的歌舞、杂技、幻术的成果,推陈出新,形成了丰富多彩兼有众技的表演方式,汉代将这些技艺表演统称为"百戏"。同时可见汉代农业生产的恢复,社

---

❶ 谭华. 体育史 [M]. 北京: 高等教育出版社, 2009: 51.

会生活的安定以及国力的强盛是百戏兴盛的根本原因。

随着汉代国力日益强盛，四邦来朝，用各类竞技表演、杂技艺术和音乐舞蹈等表演形式来接待外宾的活动日益增多，在社会上产生了一定的影响。上文提到的汉武帝元封三年(公元前108年)春，在京师长安举行的"三百里内皆观"百戏大汇演，就是当时百戏盛行的真实写照，此事在《史记·大宛列传》中也有记载，在《大宛列传》中还记载有西域和埃及的"善眩人"，即精于杂技的魔术师，也被请到中原来参加大规模的演出活动，并与中原表演者互相学习，交流技艺。"京师民观角抵于上林平乐馆"，招待来京师的"四夷"客人，作"巴俞、都卢、海中、砀极、漫衍、鱼龙、角抵戏"(《汉书·西域传》)。这里"巴俞"即"巴渝舞"，为西南少数民族板楯蛮的舞蹈。"都卢"又称作"都卢寻橦"，"橦"是指木杆，"寻橦"指很高的木杆。对于"都卢"一词，众说纷纭，莫衷一是，有学者认为是指一座山，有学者认为是国名，有学者认为指的是缅甸的"甘夫都卢"，那里是热带地区，竹林很多，那里的人们因此喜欢练攀缘之技，还有一些学者考证其为战国时"侏儒扶卢"技艺的发展，"扶卢"是攀缘矛戟之柄为戏。《国语·晋语四》中记载道："侏儒扶卢，矇瞍脩声。"韦昭注解道："扶，缘也；卢，矛戟之柲，缘之以为戏。""鱼龙曼延"是指装扮成鱼龙、鸟兽的舞蹈，其中还夹杂着大型幻术。"角抵"，即表演"两两相当，角力、角伎、艺、封、御"(《史记·大宛列传》文颖注)等先秦时的古老杂技。

李尤在《平乐观赋》中比较完整地描述了百戏演出的盛况，为我们留下了珍贵的史料，"……逍遥俯仰，节以召鼓。戏车高橦，驰骋百马。连翩九仞，离合上下。或以驰骋，覆车颠倒。乌获扛鼎，千钧若羽。吞刃吐火，燕跃鸟峙。陵高履索，踊跃旋舞。飞丸跳剑，沸渭回扰。巴渝隈一，逾肩相受。有仙驾雀，其形蚴虬。骑驴驰射，狐兔惊走。侏儒巨人，戏谑为耦。禽鹿六驳，白象朱首。鱼龙曼延，畏延山阜。龟螭蟾蜍，挈琴鼓缶"。这段史料不但描述了各类技巧的内容，同时展现了百戏表演的精彩程度。

汉代的百戏技艺演出并不局限于皇室内廷，在民间的杂技演出活动中也普遍流行。在山东沂南县出土的东汉墓中，发现了石刻壁画60多幅，其墓穴中室横额上的画像石《乐舞百戏图》(图8-1)生动地刻画了汉代杂技的精彩表演场景，其内容很可能反映了一个规模较大的民间表演团体的演出情况，具有较高的史料研究价值。该画像石生动形象地记录了当时杂技表演的形式和规模，说明汉代的竞技类活动、身体技巧等表演已达到相当高的水平。

图 8-1　画像石《乐舞百戏图》（山东沂南出土）

图 8-2　画像石《乐舞百戏图》细节图（山东沂南出土）

为了更直观地展示画像石《乐舞百戏图》的完整内容，特将整个画像内容的细节图分为三部分展示(图8-2)，以再现当时的精彩场景。画面从上至下分为三组，第一组展现了飞剑掷丸、七盘舞、顶橦悬杆的表演场景，右刻两组伴奏乐队，画面上部有打击建鼓和撞击编钟和敲击石磬的人，后有三排跪坐于席上演奏小鼓的女乐师和吹排箫、击铙、吹埙、抚琴、吹笙的男乐师。第二组刻的是鱼龙曼延之戏，上方左侧为三小童在绳架上表演舞橦和倒立，架子右侧有一人倒立，画面右侧有三人吹箫伴奏，下方刻有鱼戏、龙戏、豹戏和雀戏。第三组刻画的是马戏和戏车，两个儿童于马背上进行耍橦、甩鞭和执戟倒立，其右有一人持橦，下方刻三马扮龙驾方舆戏车，车上立建有鼓、长竿、长橦，一小孩在建鼓橦顶之上倒立，车上还有人击建鼓、吹排箫和唱歌。

百戏技艺发展到了东汉末年、三国时期，得到了曹操父子的重视，为满足政治需要，他们召集各地艺人、方士入京，加以整编，一来可避奇才异能之士聚众谋反，二来又可用于供宫廷娱乐活动。

北魏太祖道武皇帝拓跋珪于天兴六年(公元403年)冬，举行了大规模的杂技演出。据《魏书·乐志》记载，"诏太乐，总章，鼓吹，增修杂技，造五兵、角觝、麒麟、凤凰、仙人、长蛇、白象、白及诸畏兽、鱼龙、辟邪、鹿马仙车、高絙百尺、长趫、飞越、缘橦、跳丸、五案以备百戏。大飨设之于殿庭，如汉晋之日也。太宗初，又增修之，撰合大曲，更为钟鼓之节"。

这段史料中记载的"太宗"指北魏明元皇帝拓跋嗣，在演出百戏时需要有音乐伴奏，使用的音乐主要是"大曲"。大曲是有开头、有结尾的一整套曲子，杂技表演只有适应了大曲的要求，才能起到伴奏的作用。因此也就需要杂技有一套能与之相适应的比较完整的内容。❶可见汉代百戏表演不是单一类型的技巧、竞技、舞蹈和音乐的展示，而是多种技艺的综合表演。

　　图8-3是山东济宁出土的汉代画像石的局部画面，刻画了多种乐器演奏和多种技艺表演的百戏场景。在多数刻有百戏内容的画像石中，大部分集各种技艺的乐舞和竞技表演于一场景中。整个画面分为车马出行场景和乐舞百戏两部分，上层为车马出行，下层为乐舞百戏。在乐舞百戏的场景中，上列的乐队表演中有吹箫、吹排箫、吹长笛、击节者等，下列的百戏表演中有鼓上倒立、盘鼓舞、倒立、滑稽表演、飞剑、跳丸以及中间的舞轮等表演。

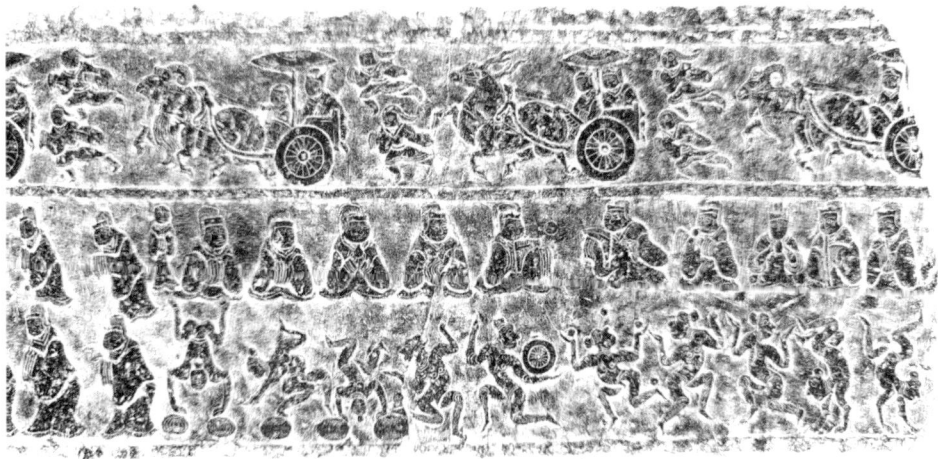

图8-3　画像石《出行、乐舞百戏图》（山东济宁出土）

　　东汉时期，汉代统治者虽然没有再举办过像汉武帝接待"四夷"宾客时搞大规模的"中外大汇演"，但在每年正旦(农历正月初一)仍会举行杂技技艺类演出，并有天子亲临德阳殿，接百官朝贺。据蔡质的《汉仪》记载，在演出时"有舍利兽从西方来，戏于殿前，激水化为跃嗽水，作雾翳日"，后又"化成龙，长八、九丈，出水游戏，炫耀日光"，这段文字描述的应是魔术表演的场景，现场还有两位女性杂技艺人，将大红绳系在两根柱头，并相距数丈，她们在绳上对舞，"行于绳上，相逢切肩而不倾"。汉代张衡在《西京赋》中对东汉时

---

❶ 刘荫柏 . 中国古代杂技 [M]. 北京：商务印书馆，1997：12.

期的综合技艺表演进行了形象描述："大驾幸乎平乐，张甲乙而袭翠被。攒珍宝之玩好，纷瑰丽以奓靡。临迥望之广场，程角抵之妙戏。"相关的表演内容大致可分为五类：百戏、总会仙倡、曼延之戏、东海黄公、振僮程材。这五类表演内容中，除了在总会仙倡和曼延之戏中有一些内容为表演纯正歌舞外，其余几乎都是展示身体技能的表演节目，大致包括乌获扛鼎、都卢寻橦、冲狭燕濯、胸突铦锋、跳丸、跳剑、走索、倒立、滑稽表演、马戏等节目。其中，"冲狭燕濯""胸突铦锋"是两项危险系数较大的杂技表演，张衡在《西京赋》中首次提到了"冲狭燕濯，胸突铦锋"。"东海黄公"在先秦时期"蚩尤戏""角抵戏"的基础上，又吸纳了古代驯兽技艺发展而成。东海黄公中不仅有手博、摔跤、角力，还有幻术、驯兽等表演内容，同时在综合性的动作技艺表演中又融入了故事情节。《西京杂记》(卷三，《黄公幻术》)中记载道："有东海人黄公，少时为术，能制蛇御虎。佩赤金刀，以绛缯束发，立兴云雾，坐成山河。及衰老，气力羸惫，饮酒过度，不能复行其术。秦末，有白虎见于东海，黄公乃以赤刀厌之。术既不行，遂为虎所杀。三辅人俗用以为戏，汉帝亦取以为角抵之戏焉。"

画像石《乐舞百戏图》(图8-4) 的画面左上方有两舞者踏鼓对舞，其左边一人一手拿便面，另一手舞长巾，左有两人坐观，右有三人打击铙、鼓伴奏。舞者下方有两名羽人在玩六博，四名羽人围观，其中有一羽人一边观看，一边舞蹈。画面右方有一人手托十字形大橦，两个儿童爬杆而上，六个儿童分别在

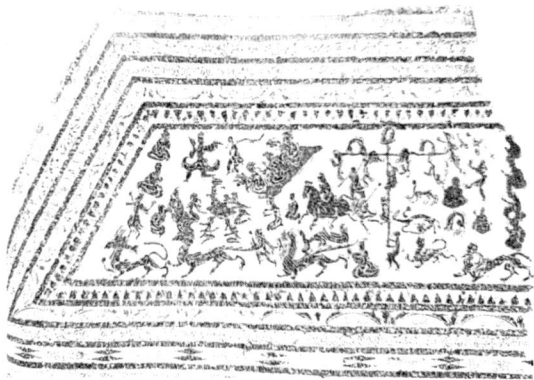

图8-4　画像石《乐舞百戏图》残缺（山东安丘出土）

杆上倒立、倒挂，橦顶板上还有一儿童表演弓身折腰，右侧有一人表演飞剑掷丸，还有一人倒立，并围有旁观者。整幅画面展示了百戏中的多种游戏和竞技活动，内容丰富，技艺高超。

画像石《拜会、乐舞百戏、纺织图》(图8-5)的画面下层刻画的是纺织、乐舞百戏场景。其中右侧描述了乐舞百戏的内容：中间场地树一建鼓，上饰大量羽葆，两人执桴击鼓，旁有吹排箫伴奏，另有艺人进行飞丸、盘舞、案上倒立等表演，室内坐着观众。画面上层刻画的是拜会场景。整个画面人物众多、内容多样，显示出一派热闹的景象。

图 8-5 画像石《拜会、乐舞百戏、纺织图》残缺（江苏徐州出土）

第二节 | 鱼龙曼延

“鱼龙曼延”也称“鱼龙曼衍”。鱼龙曼延之戏，是古代百戏中的舞蹈节目，大致内容是由人装扮成珍异动物并进行表演。颜师古为《汉书·西域传赞》作注时，称“曼延”“鱼龙”分别为两种动物。但在沂南出土的汉代百戏画像石中刻有“象人”表演的“鱼龙曼延之戏”，分别扮演的是龙、鱼、孔雀，各自执鼗鼓，在花树的导引者后面排成一行，边舞边唱。汉代对鱼龙曼延之戏的表演内容并无严格的规定❶。

“鱼龙曼延”包含两个相近的节目：“鱼龙”是指大鱼变换成八丈巨龙(《汉书·西域传赞》)；“曼延”是指八十丈长的巨兽蜿蜒登场，背上突然出现一座巍峨险峻的神山，上面有熊虎相互搏持、猿猴追逐攀缘，还有孔雀白象以及其他怪兽(《西京赋》)。对于此节目的相关文献记载也较多，《隋书·音乐志》中记载道：“鱼龙曼延之伎，常陈殿前，累日继夜，不知休息。”宋代陈济翁在《蓦山溪》中道：“看水戏、鱼龙曼衍。”清代黄遵宪的《述闻其四》中写道：“鸎鸰往来谣语恸，鱼龙曼衍戏场多。”画像石《鱼龙曼延图》(图8-6)的画面中共有六人，其中五人手里拿着鞀鼓[即“鼗(táo)鼓”，类似现在的拨浪鼓]，引逗一条由人装扮的“鱼”和一条“龙”，“龙”的身上有一幼童，在做各种表演。现代各具特色的舞龙与舞鱼等活

❶ 车吉心，梁自絜，任孚先.《齐鲁文化大辞典》[M]. 济南：山东教育出版社，1989：208.

图 8-6　画像石《鱼龙曼延图》之一摹图（山东沂南出土）

图 8-7　画像石《百戏图》之一（江苏徐州出土）

图 8-8　画像石《鱼龙曼延图》之二残缺（江苏徐州出土）

动，经过几千年的历史传承，仍可以发现其中汉代的遗留痕迹。

画像石《百戏图》（图8-7）出土于江苏徐州铜山洪楼祠堂。画面左侧有一人手持火炬站立，身旁坐一女子，下方一人双手持瓶，瓶中倒出湍湍水流，表演"画地成川"。在其旁有一位力士肩扛绳索，绳索上拴着五个石鼓，力士拉着石鼓跑动，地面高低起伏，石鼓好似发出隆隆声响，此力士应为"雷公"。雷公的上方有一人坐在大象身上，用象钩驯象。整幅画面的右侧是鱼车和龙车，坐在鱼车上的"雨师"头戴鱼形冠，以此来表明自己的身份。坐在龙车上面的是击鼓的老虎，拉鱼车的三条大长鱼应是由某种动物扮演的。

在图8-8残缺的画像石中有一辆虎车，车上坐着老虎正在击鼓，鼓在一个乌龟身上驮负着，虎车前有一人嘴中喷火。整幅画面穿插着大雀、乌龟和四条腿的大鱼，这些内容是"蟾蜍与龟""大雀踆踆"，其中"大雀"是指从西域传来的鸵鸟。

画像石《曼延角抵、水嬉图》（图8-9）在四川郫都区出土，其中刻画的水嬉内容颇具有代表性，目前该画像石存于四川省博物院。画面整体分上、下两部分，上部为曼延角抵，共有七人，均赤足，头戴不同的面具，古时人们将其称为"象人"。左起第一人假面扮猴，右手执长柄钩形兵器；第二人假面扮猪，背负檀形器物；第三人用力拖拽着第四人所坐的蛇虎之尾，向左前行；第四人束五髻，胸前有一斧头，斧头下的圆形物似盾，坐于蛇虎身上；第五人右手执盾，左手拿长殳，回头张望；第六人双手握一物；最后一人左手执棍，右手执瓶状物向前伸。画面右侧下部为水嬉场景，左侧一小船上有三人，其中一人坐，一人撑船，一人在船头弯腰捕鱼，船上立一水鸟，似是鸬鹚，船周围有鲤鱼、鲢鱼、蛇、蟾、鸟和莲等物。船周有不同身份之人皆在水中，右侧有四人并列弯腰在水下用手摸鱼，四人身后站有一人手拿鼗鼓，鼓上有一盖，盖上有三巾。

图 8-9　画像石《曼延角抵、水嬉图》（四川郫都区出土）

《西京赋》有记："于是命舟牧水嬉，浮鹢首，翳云芝，垂翠葆，建羽旗。"有关汉代角抵戏的文献记载也多，如《汉书·西域传》中记载道："设酒池肉林以餐四夷之客，作巴渝、都卢、海中砀极、漫衍鱼龙，角抵之戏以观之。"据《西京赋》记载，"总会仙倡，戏豹舞熊，白虎鼓瑟，苍龙吹篪"，李善云对此注解道："仙倡，伪作假形，谓如神也，罴豹熊虎，皆为假头也。"这些相关的文献记载正好也可以成为鱼龙曼延戏的注解。

在山东嘉祥出土的汉代画像石中也有类似刻画鱼龙曼延的内容（图 8-10）。画面中刻有艺人骑鱼、手执兵器的形象，还有人身鱼尾、蟾蜍、龟等神怪形象，手持刀剑、戟并跟随轺车的遵从等人物形象。其中出现的各种动物神怪无疑是人们装扮成的鱼、龟等动物进行表演的。

图 8-10　画像石《鱼龙曼延图》之三（山东嘉祥出土）

第三节 | 冲狭与飞丸跳剑

一、冲狭

冲狭又叫"燕戏",是古代杂技名,类似后来的钻刀圈。《文选·张衡〈西京赋〉》中记载道:"冲狭燕濯,胸突铦锋。"薛综之对此注解道:"卷簟席,以矛插其中,伎儿以身投,从中过。"张铣注解道:"狭以草为环,插刀四边,伎人跃入其中,胸突刀上,如烟之飞。"汉代出土的画像石砖上刻有冲狭的图像。最初的冲狭表演仅用一个竹席卷的圈,圈口比较狭小,在圈内还插上利刃,表演者要从圈中飞身穿越而过。大概此项技艺在初期时的表演者多为体型轻柔女子,矫若飞燕般从圈中翻着筋斗穿过,然后又轻轻飘落在圈后面的水盘之中,如同燕子点水一样,故人们称为"冲狭燕濯"。后来,渐渐发展为在圈内增加铁矛、尖刺、刀尖,或点火,变化为钻刀圈、钻火圈等危险表演。❶

画像石《冲狭图》(图8-11)的画面中有一伎人正准备纵身冲狭,地上放一樽,狭的左侧有一伎人,头梳高髻,身着长袖轻袿,举袖折腰作舞,腰间衣带随舞飘荡。画面右侧三人和左侧一人,或击鼓,或吹奏排箫,正在奏乐和舞,烘托气氛。

图8-11　画像石《冲狭图》(河南南阳出土)

画像石《宴饮百戏图》(图8-12)的画面上层刻画了宴饮庖厨的场景,下层刻画了百戏杂技的场面。下层左侧有四人席地而坐观看表演,在其前方表演的两人中,左边一人手拿圆环,右边一人正向圆环"冲狭",其后十一层叠案上有一女子在做倒立表演,身姿矫健优美。画面中间置有一鼓,鼓前有几个身材矮小之人在跳舞,鼓的右侧有艺人在进行飞三剑、跳三丸表演,画面最右侧有两人在跳舞,其中一人跳长袖舞。

---

❶ 刘荫柏. 中国古代杂技 [M]. 北京:商务印书馆,1997:12.

图 8-12 画像石《宴饮百戏图》之一（四川长宁出土）

画像石《杂技百戏图》(图 8-13)中刻画的七位表演者梳双髻、戴高冠，一人飞三剑，其中两柄剑从高空高高落下，充满惊险；一人跳四丸，四丸被高高抛起；一人执圆圈；一人准备冲狭，身体已呈侧平姿势；一人倒立并口吐串珠；一人双手各执一物，双手上举；还有一人跪地并击鼓伴奏。

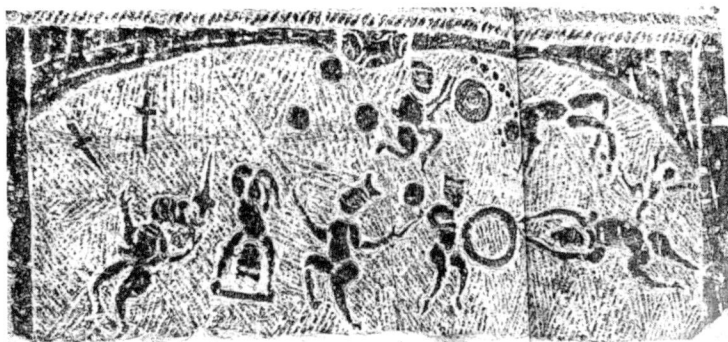

图 8-13 画像石《杂技百戏图》（四川宜宾出土）

画像石《冲狭百戏图》(图 8-14)为某一画像石局部，画面下部刻有一建鼓，鼓上有一人执圈，另一人准备横穿，身子已经呈侧平姿势，蓄势待发。

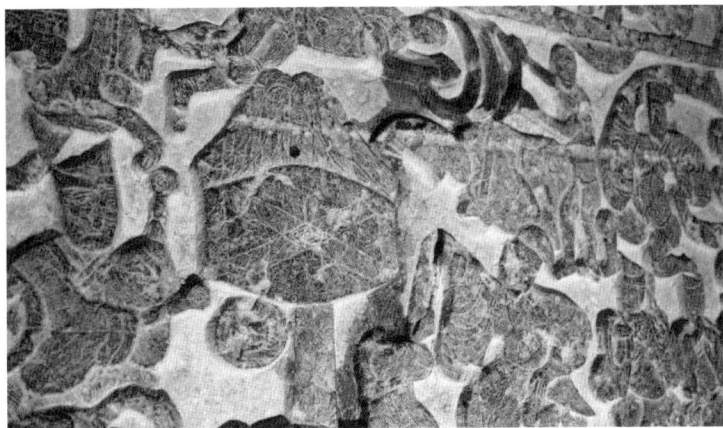

图 8-14 画像石《冲狭百戏图》（江苏徐州出土）

二、飞丸跳剑

"飞丸跳剑"是指将丸和剑抛掷在空中后，用手或身体的其他部位接住，如此循环往复，且丸和剑不能落地。这种技艺在今天的杂技表演中还经常能看到，演员抛掷三至五个球，在空中轮流转。抛掷物中只有球没有剑的叫"飞丸"；抛掷物中有刀剑的，危险系数更大，难度也更大，被称为"跳剑"。飞丸和跳剑是我国古代杂技的传统节目之一，集灵活性、敏捷度、手眼配合度及快速反应能力于一体。根据史料记载，东周时期的飞丸已经发展到较高水平，当时人们称为"弄丸"。据《庄子·徐无鬼》记载，"市南宜僚弄丸而两家之难解"，弄丸在战国时期已很流行，在《列子》《庄子》中也均有记载。《列子·说符篇》记有："宋有兰子者，以技干宋元，弄七剑迭而跃之，五剑常在空中；元君大惊，立赐金帛。"说明在汉代该技艺已经达到很高水平，汉晋时期的文献中多处提到"飞剑""弄丸"，如《文选·西京赋》中记载道："跳丸剑之挥霍。"《论衡·累害篇》中记载道："弄丸剑之倡，手指不知也。"

汉代李尤的《平乐观赋》记有："飞丸跳剑，沸渭回扰。"《后汉书·西域传》中则记载道："大秦国❶俗多奇幻，口中吐火，自缚自解，跳十二丸，巧妙非常。"可见随着当时中外文化的深入交流，我国的杂技艺术也传播到了西方，外国杂技表演家也开始到我国表演和学习。在各地出土的汉代画像石(砖)中，刻画有一人飞三丸、五丸、七丸以及更多数量的飞丸表演画面。图8-15中的画像石展示的是跳丸、吐火、倒立和舞乐的百戏场景。画面中一男伎一手摇鼗鼓，一手抛接十二丸，技巧之高超令人瞠目结舌，另有一男子表演口中吐火，此为幻术节目，从西域传入。画面中还有一女子在樽上单手倒立，一男俳优做滑稽表演，旁有两人撞钟伴奏。此画像石印证了汉代乐舞百戏艺术的繁荣和中西文化的融合。

图8-15　画像石《百戏图》之二（河南南阳出土）

---

❶ 大秦国即中国古代对罗马帝国及近东地区的称呼。

画像石《乐舞升鼎图》(图8-16)的画面上层为宴饮人物列坐的场景，下层右边是"升鼎"场景。下层画面的左侧树有一建鼓，鸟首羽葆飘扬，数鸟飘落其上，建鼓座为二虎共首的样式，其上各骑一人双手执锤击鼓。鼓的左侧有一人倒立，两人持剑对舞，鼓的右侧有一人弄丸，其上方还有抚琴、舞蹈及端坐观赏的女子。

在画像石《飞丸跳剑》(图8-17)的画面中有一人立于盘鼓之上，进行飞丸跳剑表演，同时画面中有七丸三剑，剑、丸交错飞舞，显示出表演者的高超技艺，画面中还有旁观者鼓掌喝彩。

图 8-16　画像石《乐舞升鼎图》(山东济宁出土)

图 8-17　画像石《飞丸跳剑》(山东省博物院藏)

画像石《百戏表演图》(图8-18)刻画了百戏表演的内容，右起分别是跳剑、倒立、飞丸、跳舞，表演的四人皆头戴冠，穿紫身衣。画面左边两人头戴冠，穿长服，手执便面，似为观者。

图 8-18　画像石《百戏表演图》(重庆永川出土)

画像砖《宴饮百戏图》(图8-19)是出土于四川成都羊子山的宴乐画像砖，刻画了汉代贵族家宴时笙歌妙舞的热闹景象。画面中宾主席地而坐，面前的几案上列有酒具，地上

图8-19　画像砖《宴饮百戏图》之二（四川博物院藏）

置有食器酒鼎，身后有婢女侍奉，宾主正兴致勃勃地观看艺人们的表演。在表演的艺人中，一艺人进行跳七丸表演；一艺人一边舞剑，一边进行弄壶表演，足见其技艺高超；一高髻女子在表演长袖舞，两臂上下摆动，舞动长袖，体态婀娜；一大肚俳优手持鞭状物踏鼓而舞；另有两乐人吹排箫伴奏，整个场景热闹非凡，其乐融融。

第四节 | 倒立与平衡

在汉代画像石刻画的百戏表演场景中，倒立与平衡是常见技艺，有在地面上表演的，也有在案、鼎之上表演的，表演形式有单手也有双手。倒立与平衡对于表演者的身体素质有较高的要求，不但要求具有足够的上肢力量和肩部力量，对于腰背肌的力量也有着极高的要求。对于具有一定高度的叠案倒立而言，还需要表演者具有高超的平衡能力和极其稳定的心理素质。在各种平衡倒立的表演形式中，安息五案和叠案倒立最具有代表性。

一、安息五案

安息五案是一种表演者在叠摞起的木案上进行表演的节目，与现代杂技中的椅技有直接的渊源关系。安息五案来源于西方的柔术，在汉代被称为"安息五案"。"安息"即指古代的波斯，现在的伊朗。倒立平衡有在地上、鼓上、竿上、台上和案上等处进行的多种表演形式，案上表演的形式是其中最流行的一种方式，它融合了安息的柔术表演并加以本土化。倒立表演时使用的案，是我国汉唐时期人们的生活用具，为长方形，下方有四个短足，也有圆形和方形食案。食案通常都比较矮、轻便，便于搬动，放在地席或矮床上使用，具有鲜明的特色。在重叠的食案桌上表演西域柔术，表明我国古代人民善于吸纳外来的艺术表演方法，并加以创造出新，现代杂技中的叠椅倒立便是由此发展而来。在如今的杂技表演中，如椅子顶、排椅造型、蹬板凳等，都有安息五案的影子，甚至可以说它们都起源于安息五案,但表演形式已经有所变化。例如,现代的椅子顶表演中将桌子换成了椅子,而且数量变多了,最多可以叠加到10把椅子,因此表演难度也更高。排椅造型的表演中表演人数变多了,彼此之间的协作提高了平衡杂技的艺术性和观赏性,为观众带来更震撼的视觉效果。

安息五案虽在现存的汉代文献中记载较少,但宋代的《太平御览》中曾引《梁文帝纂要》道:"又有百戏,起于秦汉。有鱼龙曼延、高縆、安息五案。"汉武帝遣张骞通西域时,张骞曾派副使到达安息,之后"汉使还",安息"发使随汉使来观汉广大,以大鸟卵及黎轩善眩人献于汉"(《史记·大宛列传》),此后汉与安息较交往颇多,安息五案的节目大概在此间传入。

二、叠案倒立

现藏于四川博物院的汉代画像砖《百戏图》(图8-20),高28厘米,宽49厘米,出土于四川绵竹。画像砖刻画了叠案倒立、弄丸和盘鼓舞三种技艺的表演场景,将杂技表演和舞蹈艺术巧妙地结合了起来。画面左侧有一位头梳双髻的少女,在重叠的十二重案上表演倒立,身穿紧身衣裤,窈窕细腰,双手倒立,反身如弓,双腿过肩,折腰并足,凌空昂首,体态轻盈。案为长方形四足,层层叠起,间隔分明。画面右侧有一位梳椎髻、上身裸袒、足登木屐的男子,双手舞弄五丸,动作敏捷,侧头而视,神情自然。画面中间有一女子双手舞袖,双足踏在地上的盘子和小鼓之上,随曲起舞,舞姿优美。

图8-21的画像石邮票纪念卡之上的图案为倒立舞乐图。原画像石在20世纪30年代出土于江苏省徐州市沛县古泗水,现藏于徐州汉画像石艺术馆。此画像石高1.6米,宽0.6米,画面分上、中、下三格,分别为《舞乐图》《博弈图》《车马图》,邮票图案取自《舞乐图》,其画面所表现的内容实际上是舞蹈娱乐的场景。在图案中,一窈窕女子扭腰舒袖,表演着汉代流行的长袖舞。长袖舞的舞袖动作,是我国古代舞蹈艺术最具代表性的动作之一。

图 8-20　画像砖《百戏图》之三（四川博物院藏）

图 8-21　画像石邮票纪念卡　（原石发现地：江苏）

舞者翘袖折腰,长袖缭绕,跳着轻盈柔曼、婀娜多姿的舞蹈,表现出很强的流动起伏的艺术效果。长袖舞由先秦时期的小舞中的"人舞"发展演变而来,凭借长袖交错飞舞间的千姿百态来表达思想情感的变化,舞姿如同杨柳临风,飘拂不定,十分妩媚动人,曾有"一见倾城"之美誉。在舞者旁边,有一女子在做叠案倒立表演。杂技表演者通过自己矫健优美的各种动作并伴着旋律,来展现喜庆的气氛和对美的追求。从画面中看,抚琴伴奏的"乐队"悠然温谦,忠于职守。画面整体布局主次分明,有声有色。

画像石《乐舞倒立图》(图8-22)的画面,左起有一舞女头戴冠,身着长袖,杨柳细腰,挥袖起舞,其右有一男子上身袒露,左手掐腰,右臂平举,表演弄壶。旁边一舞女双手撑地倒立,腰部反弓,身体摇摇欲倾,靠双腿的摆动来保持身体平衡,其身前有一物似鼓。画面右侧三人皆跪地,右手持棒状物配合打节拍。

图8-22　画像石《乐舞倒立图》(河南南阳出土)

画像石《百戏、戏兽图》(图8-23)的画面分为两层,上层为乐舞百戏图的场景,下层为羽人戏兽的场景。画面上层展示的百戏内容中,从左至右分别是击鼓作乐、倒立起舞、长袖鼓舞、俳优滑稽表演等,中间有两艺人吹奏排箫,右边有两骑马人。整幅画面将倒立技艺和其他技艺活动及音乐伴奏汇于一图中。

图8-23　画像石《百戏、戏兽图》(河南南阳出土)

画像石《乐舞百戏图》(图8-24)的画面中,左起第一人跳长袖舞,冠饰华丽,长袖飘逸;第二人高髻袒胸,头戴面具,左手摇鼗鼓(拨浪鼓),右臂弄壶;第三人倒立;第四人右手托物,似刚从樽上倒立跃下,单手撑地维持平衡,更显其倒立技巧的高超和动作的难度。画面中的其余四人奏乐伴奏,分别在鼓瑟、摇鼗鼓、吹排箫、吹埙、击铙。

图 8-24　画像石《乐舞百戏图》（河南南阳出土）

画像石《双人倒立、乐舞、百戏图》(图8-25)刻画的是双女伎人倒立、多人乐舞的百戏场景,画面中间有女子表演长袖舞,男子表演稽戏,右侧有弹琴、击鼓伴奏者。画面左侧有两名女子相向单手倒立于樽上,既要维持自身动作的平衡,又要保持支撑二人的樽的平衡,同时还要协同做出和谐的动作及呼应表演,难度相当高。

图 8-25　画像石《双人倒立、乐舞、百戏图》（河南南阳出土）

从上述诸图可见,与百戏相关的已出土的汉代画像石中,多将冲狭、飞丸跳剑、倒立平衡、乐舞等内容刻画在一幅画面中。

第九章

汉代画像石中的

六博与投壶

六博，也被称为"陆博"，是我国古代民间一种掷采行棋的博戏类游戏，因使用六根博箸所以称为六博。鲍宏在《博经》中记载道："用十二棋，六棋白，六棋黑，所掷头，谓之琼。"也就是说，每人6棋，局分12道，中间横一空间为"水"，放"鱼"两枚。博时先掷采，后行棋，棋到水处则食鱼，食一鱼得二筹。关于六博的更多具体玩法已失传。投壶是我国古代另一流行技艺，投壶游戏由射礼演变而来，相对射箭而言，对技巧、力度和场地等条件有着较高的要求，人们为了简化就退而求其次，将其演变成往壶中投箭的游戏。

第一节 | 六博

六博棋，战国时期已有之。宋玉在《楚辞·招魂》中写道："箟蔽象棋，有六薄些，分曹并行道相迫些；成枭而牟，呼五白些。"王逸注解道："投六着，行六棋，故谓六薄也。薄，作博。"《史记·苏秦列传》中对此也有记载，"淄甚富而实：其民无不吹竽鼓瑟、击筑弹琴、斗鸡走狗、六博蹹鞠"。由此可见，六博是汉代日常的娱乐棋技之一，并且在春秋战国时期已风靡一时，是中原诸国娱乐的游戏。《西京杂记》（卷四）《许博昌博术》中记载有："许博昌，安陵人也，善陆博。窦婴好之，常与居处。其术曰：'方畔揭道张，张畔揭道方，张究屈，玄高，高玄屈究张。'又曰：'张道揭畔方，方畔揭道张，张究屈玄高，高玄屈究张。'三辅儿童皆诵之。法用六箸，或谓之究，以竹为之，长六分。或用二箸。博昌又作太博经一篇，今世传之。"

一、六博的规则

在战国时期，一套完整的六博棋具包括枅（棋局）、棋（棋子）、箸（相当于现在的骰子），"博"指博箸，每套博具中有6根箸，行棋前要先投箸，根据投箸结果再行棋。汉代时有些博具中已开始使用茕（骰子）代替博箸。

六博的行棋方法主要分为"大博"和"小博"，主要差别在大博中用六根箸当骰子，小博中用两颗茕。南北朝时期的《颜氏家训·杂艺》中记载道："古为大博则六箸，小博则二茕，今无晓者。比世所行，一茕十二棋，数术浅短，不足可玩。"

西汉时期及西汉以前的博法为大博，以六根箸当骰子，以多吃博筹为胜。对博双方各在棋盘自己一方的曲道上排好六枚棋子，对博时双方先轮流投掷博箸，然后根据掷得的箸的正反数量行棋，掷得的数越大，行棋步数就越多，棋子进到规定的位置上即可竖起，改称为"骁"，也称"枭"。"骁"在汉代为"枭"的借用字，《楚辞·招魂》中记载道："成枭而牟，呼五白些。"也就是说，棋子竖起称为"枭"。这枚枭棋便可入"水"中，吃掉对方的"鱼"，此过程名为"牵鱼"。玩家每牵鱼一次，获得博筹两根，连牵两次鱼，获得博筹三根，哪方先获得六根博筹，就算获胜。玩家需尽快将自己的散升级成枭，或杀掉对手的枭，方能多得博筹获得胜利。同时，枭需要在散的配合下，争取时机杀掉对方的枭。正如《韩非子》中所言，"博者贵枭，胜者必杀枭"，《战国策·魏策》也记载有："夫枭之所能为者，以散棋佐之，夫一枭不敌五散也明矣！"《焦氏易林》中则记载道："豫之剥：野鸢山鹊，奕棊六博；三枭四散，主人胜客。""否之暌：野鸟山鹊，来集六博；三鸟四散，主人胜客。"这些文献记载的内容描述了六博行棋的过程是模拟猫头鹰等鸟类在池塘猎鱼的行为。由于大博玩法的规则与象棋一样，杀掉特定棋子为获胜，是早期的兵种棋戏，有现代棋史学家推测象棋类游戏可能从六博演变而来。

东汉以后，六博的形制有了新变化，出现了使用茕的小博玩法，同样以多吃博筹为胜。晋人张湛在《列子》的注里引用了一段《古博经》中的描述，记载了小博的具体玩法，是至今能找到最详尽的记录，"博法：二人相对为局，局分为十二道，两头当中为'水'，用棋十二枚，古法六白六黑。又用'鱼'一枚，置于水中……二人互掷彩行棋，棋行到处即竖之，名为'骁棋'。即入水食鱼，亦名'牵鱼'。每牵一盏，获二'筹'，翻一盏，获三'筹'……获六'筹'为大胜也。"即这种博法是两人对局，博局有12道，两头中间是"水"，共有12枚棋子，双方各执白、黑棋6枚，分别布于局中十二曲道上。双方还各有一枚称作"鱼"的圆形棋子，放在"水"中。双方互相掷茕行棋，行棋的步数根据掷得的数字决定，棋子进到规定的位置即可竖起，称为"骄棋"，这枚"骄棋"便可入"水"中，吃掉对方的"鱼"，此过程名为"牵鱼"。每牵鱼一次，获得博筹两根，连牵两次鱼，获得博筹三根，哪方先获得六根博筹，就算获胜。

二、六博在汉代的盛行

六博是汉代画像石中常见的娱乐活动，深受汉代人们的喜爱。在现代的考古发掘过程中，日本和朝鲜等国家都发掘出土了此类汉代画像石，说明了六博在汉代的影响与传播的广泛性。

图 9-1　画像石《六博、送行图》（江苏徐州出土）

图 9-2　画像石《乐舞六博图》（江苏徐州出土）

图 9-3　画像石《六博图》（江苏徐州出土）

画像石《六博、送行图》（图9-1）在画面下层的右侧，有两人似在送行，左侧一人骑马赴约。画面上层的宾主对坐进行六博之戏，二人中间放置承盘和酒樽，棋盘旁边有两只耳杯。根据游戏规则，输棋一方是要喝酒的，所以二人举手扬臂，烘托出热烈的气氛。

画像石《乐舞六博图》（图9-2）的画面分三格，画面上格为乐舞表演场景，一人长袖起舞，另一人倒立，两人伴奏。画面中格刻有两人在室内六博对弈，二人跪坐挺身，眼定棋盘，足见对六博之戏的投入。画面下格中刻有一树，树上挂有喂马的食具，驭马者正在喂马，右边刻一正面向前的轺车。整幅画面将六博和汉代人们喜好的乐舞以及日常生活场景汇于一起，说明六博游戏已融于汉代百姓日常生活。

画像石《六博图》（图9-3）刻画了室内有两人进行六博游戏的场景，左侧一人右手上举，左手指向棋盘，似在投掷，又似在催促对方，右侧一人双手摊开，似抱怨，又似无可奈何。室外有牛、狗、鸭、鹅等动物，靠墙有一牛车，画面左下方还有一人在室内喂食室外的牛。整个画面充满生活气息，更加印证了六博在某种程度上成为汉代百姓日常生活的一部分。

画像砖《六博图》（图9-4）刻画了两桌六博场景，博弈双方全神贯注。画面上方一桌的对弈者中，右侧一人举箸不定，左侧一人伸臂催促；画面下方一桌的二人皆手臂挥舞，情绪高涨。而画像石《百戏六博图》（图9-5）展示的画面，则将六博棋盘的具体画法直观地展示在我们面前，为我们研究六博游戏提供了珍贵材料。画面中刻有二人饮酒对博,右侧之人肩披羽饰,衣着高贵,显示出其具有一定的社会地位。

图9-4　画像砖《六博图》(成都博物馆藏)

图9-5　画像石《百戏六博图》(江苏徐州出土)

　　画像石《百戏六博图》(图9-6)将乐舞百戏和六博游戏的场景刻画于一幅画面中,可见六博和百戏在当时均属汉代常见娱乐活动。从左至右来看,画面左侧有两人吹奏排箫进行伴奏,一女子挥舞长袖起舞;中间是一建鼓,两侧人且击且舞;右侧有两人对坐于一棋盘前,正在进行六博之戏。

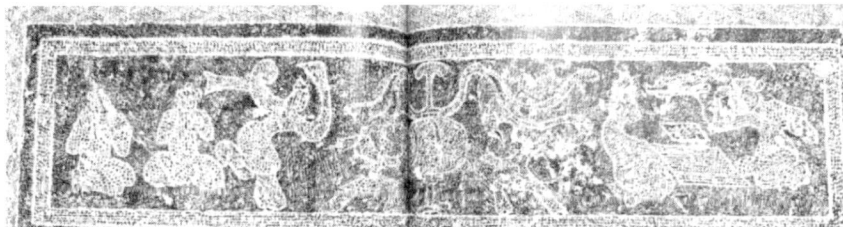

图9-6　画像石《百戏六博图》（山东曲阜出土）

　　画像石《仙人六博图》(图9-7)的画面左侧,刻画有一"悬圃",上有二仙人对弈六博,左侧之人举手投棋,右侧之人弓腰伸手,欲动其箸。画面右侧刻有羽人、仙树等,生动刻画了六博对弈时双方精神亢奋的状态。

图9-7　画像石《仙人六博图》之一（四川长宁出土）

画像石《宴饮六博图》(图9-8)刻画了宴饮、六博的娱乐场面,画面左侧刻有棋盘,两人正进行六博之戏,双手展开,表现出高度兴奋的状态,右侧刻有两人长跪对饮,还有一人回头观棋,足见六博对人们的吸引力以及参与者的热情。

图9-8　画像石《宴饮六博图》局部(山东嘉祥出土)

画像石《六博、乐舞百戏图》(图9-9)的画面分四层,由上至下来看,画面第二层为两人对弈六博的场景,左侧一人凝神关注棋局,右侧一人手举过头做投掷动作,两侧均有侍者。画面第四层中间刻有建鼓,建鼓为兽形跗座,鼓上装饰有幢和羽葆等物,旁有击鼓员两人,左侧有艺人在表演弄丸,右侧有吹竽、排箫、抚琴、摇鼗鼓等伴奏表演。

画像石《乐舞百戏、六博图》(图9-10)展示了六博游戏和乐舞百戏表演的情景,画面从上至下的第二层是六博之戏的场景,并有观棋者和侍从,画面第三层是乐舞百戏表演的场景,最下层是建鼓舞表演的场景。

图9-9　画像石《六博、乐舞百戏图》(江苏徐州出土)

图9-10　画像石《乐舞百戏、六博图》(山东滕州出土)

在画像砖《仙人六博图》(图9-11)的画面中,有两仙人对博,二人挥舞手臂,面部表情夸张,已然完全沉浸在六博游戏中。其中,左侧仙人双臂展开,嘴巴大张,似在下一招妙棋,右侧仙人手握棋子,显得举棋不定。此外,画面中还有一鸟,四周有灵芝仙草。

图9-11　画像砖《仙人六博图》之一(四川博物院藏)

　　画像石《仙人六博图》(图9-12)出土于四川彭山的东汉石棺,画面中刻画了二仙人跪坐于圆形石鼓上进行六博游戏的场景。画面左侧有一仙人骑着一头鹿,右侧有一马栓于一立柱上。

图9-12　画像石《仙人六博图》之二(四川彭山出土)

　　图9-13和图9-14的画像砖刻画的都是仙人于仙山之上进行六博的场景,画面中对弈的仙人身形清瘦,头上有耳。关于仙人对弈,我国古籍、典籍中记载有偶遇仙人下棋的有趣故事,六朝时的刘叔敬在《异苑》中记载道:"昔有人乘马山行,遥望岫里有二老翁相对樗蒲,遂下马造焉,以策柱地而观之,自谓俄顷,视其马鞭,摧然已烂,顾瞻其马,鞍骸枯朽。既还

至家，无复亲属，一恸而绝。"这里所说的"樗蒲"是继六博戏之后盛行于汉末时期的一种棋类游戏。六博戏中用于投掷的骰子最初是用樗木制成的，故称其为"樗蒲"。另外，南朝祖冲之所著的《述异记》中记录王质在石室山观棋"俄顷烂柯"的传说也广为流传，"信安郡石室山，晋时王质伐木，至，见童子数人，棋而歌，质因听之。童子以一物与质，如枣核，质含之，不觉饥。俄顷，童子谓曰：'何不去？'质起，视斧柯烂尽，既归，无复时人"。

图9-13　画像砖《仙人六博图》之二（四川新津出土）

图9-14　画像砖《仙人六博图》之三（四川彭山出土）

六博在汉代非常流行，喜爱者众多。作为人们娱乐消遣时的活动，适度地进行六博活动，对于放松身心、联络感情还是具有积极意义的。但过度地沉溺于六博，容易玩物丧志。《孔子家语·六本》中哀公问孔子道："吾闻君子不博，有之乎？"孔子回道："有之。"哀公又问："何为？"孔子对答道："为其二乘。"哀公说："有二乘，则何为不博？"孔子道："为其兼行恶道也。"《论语·阳货》："饱食终日，无所用心，难矣哉！不有博弈者乎？"由此可见，当时孔子不参加六博游戏，并且指出了弊害之处，如秦国的雍宫之乱，便起因于六博之戏。

画像石《藏彄图》(图9-15)是出土于四川的"藏彄"游戏画像石，本书这里一并介绍。画面左侧有一人手中执物，形似版牍，右侧有一人伸手预取，投时两人举手作投击状。此为汉代游戏，《中国画像石全集》中将此游戏定名为"藏彄"。"藏彄"又称为"藏钩"❶，是我国民间守岁时流行的一种娱乐活动。据《荆楚岁时记》记载，"岁前，又为藏彄之戏……

图9-15　画像石《藏彄图》（四川博物院藏）

❶ 藏彄（藏钩）虽不是六博之戏，但作为汉代画像石中出现的游戏，具有一定的博弈性质，在此一并介绍。

叟姬各随其侪为藏彄，分二曹以校胜负"。据说藏钩游戏是在汉武帝时期创制的，是汉代皇宫中较为流行的近似于射覆的一项游戏，后来成为一种宴饮场景中的娱乐助兴节目。《风土记》中记载了其玩法："藏钩之戏，分为二曹，以较胜负。若人偶则敌对，人奇则奇人为游附，或属上曹，或属下曹，名为'飞鸟'，以齐二曹人数。一钩藏在数手中，曹人当射知所在，一藏为一筹，三藏为一都……藏在上曹即下曹射之，在下曹即上曹射之。"参加游戏的人分为"两曹"即两组，如果人数为偶数，那么所分的两组人数相等，互相对峙；如果人数是奇数，就让一人作为游戏依附者，她可以随意参与任意一组，被称为"飞鸟"。游戏时，一组人暗暗将一小钩（如玉钩、银钩）或其他小物件攥在其中一人的一只手中，由对方猜在哪个人的哪只手里，猜中者为胜。

第二节 | 投壶

　　投壶是我国古代一项重要的娱乐活动，是从先秦延续至清末的汉族传统礼仪和宴饮游戏，在春秋战国时期较为盛行。投壶在战国时期得到较快发展，当时的文者倾向于修养心性，投壶这种从容淡定、讲究礼节的活动，正好迎合了他们的需要。此外，出于社会发展，民间以投壶为乐的现象越来越常见。《礼记·投壶》中记载道："投壶者，主人与客燕饮讲论才艺之礼也。"《左传》中也记载了晋昭公大宴诸国君主时举行投壶之戏的事。投壶既是一种礼仪，又是一种游戏，来自儒家所奉行的"六艺"，即"礼、乐、射、御、书、数"中的"射"礼。投壶巧妙地体现着六艺中"礼"的重要性，正如宋代吕大临在《礼记传》中写道："投壶，射之细也。宴饮有射以乐宾，以习容而讲艺也。"虽然投壶只是游戏，但在游戏背后，体现的却是古人尚礼的精神，《礼记》《大戴礼记》中都有《投壶》篇专门记述。《后汉书·祭遵传》中写有"对酒设乐，必雅歌投壶"，生动刻画了投壶饮酒的场景，投壶礼举行时，宾主双方轮流将无镞之箭投于壶中，每人四箭，多中者为胜方，输的一方饮酒作罚。

　　南阳汉代画像石《投壶图》（图9-16）是一方收藏价值很高的石刻。画面采用了简洁的线条，就把投壶时的生动情景刻画得惟妙惟肖。画面中部有一壶、一酒樽，壶内有两箭，樽内有勺，在鼓乐声中，宾、主二人正抱箭投壶。投入壶中的为胜者，投不中者为输者，对输者要进行罚酒,由旁边的司射担任裁判。画面左侧的彪形大汉似已服输并且饮酒过量,醉醺醺地坐着,面部表情难受,被人搀扶离席。画面中间的两人跪坐两旁,均一手怀抱多只箭,另一手执一只箭,以壶口为目标,全神贯注,欲将箭投入。该画像石反映了汉代投壶游戏和酒文化的盛行,2009年,此画像石先后赴北京和意大利米兰、罗马参加"秦汉——罗马文明展"。

图9-16 画像石《投壶图》(南阳汉画馆藏)

宋代司马光在《投壶新格》一书中道:"夫投壶闹事,游戏之类,而圣人取之以为礼……投壶可以治心,可以修身,可以为国。"投壶是汉代社会上层阶级喜爱的休闲娱乐活动,据《淮南子·兵略训》记载,"弹琴瑟,声钟竽,敦六博,投高壶,兵犹且强,令犹且行也"。在这段文字记载中,把投壶与弹琴、吹竽和六博同时作为统治阶级的高雅娱乐活动,这说明汉代社会中投壶的重要地位。这一时期,投壶比赛的方法已经逐渐向技巧型发展,器材用具也发生了变化,初步奠定了古代投壶活动的基本格局。魏朝邯郸淳在《投壶赋》中写道:"植兹华壶,兔氏所铸,厥(其)高二尺,盘腹修颈,饰以金银,文以雕镂。"投壶器具已经由专门的工匠进行铸造,并用金银装饰雕镂,极尽豪华。这种专用壶全高两尺,造型长脖大肚,所以汉代称此种壶为"高壶",是专用于投壶的器具(图9-17)。

图9-17 西汉水波纹原始瓷投壶
(河南博物院藏)

图9-18展示的是出土的汉代画像砖图像,体现了汉代投壶活动的普及。同时,汉代的投壶方式较春秋战国时期有极大改进。原先的投壶方式是在壶中装满红小豆,确保投入的箭杆不会跃出,而汉代的投壶活动则不在壶中装红小豆,箭杆可以跃出,抓住重投,可以一连投百余次。据《西京杂记》记载,汉武帝时期有一位名为郭舍人的艺人,善于投

壶，"武帝时郭舍人善投壶，以竹为矢，不用棘也。古之投壶取中而不求还，故实小豆，恶其矢跃而出也。郭舍人则激矢令还，一矢百余反。谓之为骁。言如博之擎枭于掌中为骁杰也。每为武帝投壶。辄赐金帛。武帝以象牙为籊，赐李夫人"。

图 9-18　画像砖《投壶图》（成都体育学院博物馆藏）

第十章

汉代画像石中的
斗兽与狩猎

两汉时期，人们崇尚勇武，以身体强壮、矫健为荣，以冒险探奇为乐。斗牛和斗虎是汉代张扬、奔放、自信的精神风貌的缩影。斗兽不但可用于军事训练，而且可用于娱乐消遣。斗兽也是一种力量训练的方式，与猛兽较力，必须具备无畏的精神、强健的体魄和纯熟的搏斗技巧，这样才能成为斗兽勇士。

第一节 | 斗兽的史料记载

斗兽在汉代时已成为一种竞技娱乐活动，汉代画像石中刻画的斗兽图像包括斗牛、搏虎、搏狮、斗熊场景，有两人合力斗熊的形式，还有单人斗兽的形式，甚至一人斗二兽的形式。其中，有的人持械斗兽，还有的人徒手搏兽。

据《史记·封禅书》记载，汉武帝"作建章宫，度为千门万户。……其西则唐中，数十里虎圈"，说明汉武帝时期已有大规模的斗兽场地，即"兽圈"，斗兽人在兽圈里与困兽相斗。《汉书·外戚传》中记述汉元帝建昭期间，"上幸虎圈斗兽，后宫皆坐"，《西京杂记》卷三则在"广陵王死于力"一文中记载道："广陵王胥有勇力，常于别圈学格熊，后随能空手搏之，莫不绝脰，后为兽所伤，陷脑而死。"由此可见，观看和参与斗兽已成为宫廷的一种娱乐活动。

文学家司马相如在《子虚赋》和《上林赋》中都对斗兽的场面展开了生动的描述。《子虚赋》中记载道："有白虎玄豹，蟃蜒躯犴，于是乎乃使剸诸之伦，手格此兽。"《上林赋》中则记载道："生貔豹，搏豺狼，手熊罴，足野羊。"汉成帝时期，汉王朝邀请匈奴和西域的君主们到长安观光，征发猎户到秦岭中捕捉熊罴、豪猪、虎、豹、狐和鹿等动物，送入射熊馆，请宾客们徒手捉取，以示雄健。汉成帝亲临射熊馆，观看取乐。根据《汉书·成帝纪》记载，元延二年冬，在长杨宫举行了"大校猎"，颜师古对此注解道："校猎者，大为阑校以遮禽兽而猎取也。"也就是让"剸诸之伦"在较为开阔的兽圈中做大型斗兽表演。杨雄在《长杨赋》中记叙下了这次大校猎的场景，"张罗罔罝罘，捕煎罴豪猪，虎豹狖玃，狐兔麋鹿，载以槛车，输长杨射熊馆，以网为罗陆，纵禽兽其中，令胡人手搏之，自取其获，上亲临观焉。"《盐铁论·散不足》中记载道："今民间雕琢不中之物，刻画玩好无用之器。玄黄杂青、五色绣衣、戏弄蒲人杂妇，百兽马戏斗虎……"这表明至西汉中期时，斗兽活动已从由宫廷王室专有，逐渐发展成为流行于民间的娱乐活动。

在河南郑州出土的两块西汉画像砖中均刻画了斗兽的场景。画像砖《刺虎图》(图 10-1)中刻画了一人持矛迎击狂扑而来的猛虎的场景。画像砖《乐舞、刺虎、出行图》(图 10-2)中同样刻画了一人持剑矛迎击扑来的猛虎的场景,并将刺虎活动与乐舞表演和出行的场景汇集于一块画像砖上,刺虎作为一项娱乐活动的意义显而易见。

图 10-1　画像砖《刺虎图》(河南郑州出土)

图 10-2　画像砖《乐舞、刺虎、出行图》(河南郑州出土)

从出土的汉代画像砖的画面来看,汉代斗兽者有的手持兵刃枪棒,有的赤手空拳,有的头戴面具。其中,斗兽者搏杀和制服的兽类主要有虎、犀牛、野猪、牛和熊等。在画像石《博虎斗牛图》(图 10-3)刻画的画面中,一勇士左手抓牛角,奋力将牛按于地上,牛虽奋力挣扎却仍无法摆脱,同时右侧又向其扑来一只猛虎,勇士毫不畏惧,扬起拳头与之搏斗。画像石《斗牛图》(图 10-4)中刻画了斗牛士与牛搏斗的场景。画面中被激怒的牛双眼暴突,牛尾高高扬起,折身欲撞斗牛士,斗牛士丝毫没有惊慌失措之态,反而有玩耍娱乐的悠闲之感,把牛控于自己的掌控之中,一切都显得游刃有余。整幅画面以不规则曲线为背景,显示出斗牛场面的尘土飞扬,突显了场面的斗争激烈,扣人心弦。

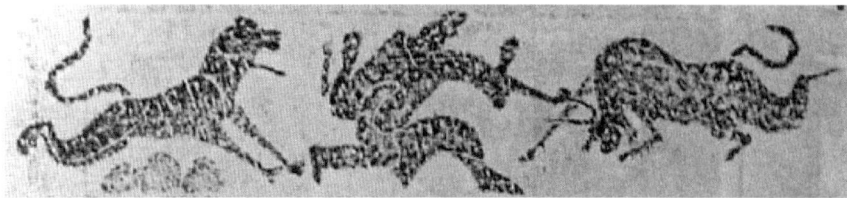

图 10-3　画像石《博虎斗牛图》（河南南阳出土）

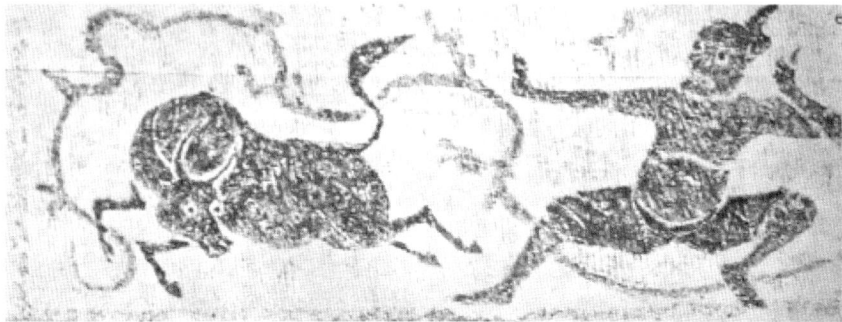

图 10-4　画像石《斗牛图》之一（河南南阳出土）

以上汉代画像石与画像砖刻画得形象逼真，呈现场景给人身临其境之感，充分表现了汉代人的智慧和勇敢，体现了汉代人不畏自然、乐观向上的精神面貌，以及朝气蓬勃、生生不息的生命力，体现了汉代崇尚力量的社会风气。

西汉时期经济的发展、国力的强盛以及对尚武精神的追求，使斗兽在西汉中期盛行。发展至东汉时期，国力日渐衰弱，外戚宦官专权，使矛盾激化，社会日益动荡，斗兽已不再盛行，这一时期的文献里已经很少有关于贵族阶级参加斗兽的记载。汉代画像石的画面中出现的斗兽者也多为下层平民，头不戴冠，身穿短衣，或者赤膊，贵族阶级则在堂上作为观赏者出席，斗兽逐渐为更奇巧的驯兽活动所代替。

第二节 ｜ 斗兽的形式

在汉代画像石中，刻有大量的斗兽场景，显示了汉代人的不畏自然、积极向上的精神面貌，以及汉代崇武尚勇的社会风气。《汉书·武五子传》载汉武帝的儿子广陵王刘胥可"空手搏熊罴猛兽"，《汉书·霍光传》载汉武帝的孙子昌邑王刘贺也曾"驱驰北宫、桂宫，弄彘斗虎"。画像石《搏击斗兽图》(图10-5)的画面左侧有一牛高耸肩脊，俯首冲地，画面右侧有两名武士进行徒手对棍相搏，姿态矫健，四周饰有的漫卷有致的云纹为画面增添了灵动之感。该画像石体现了人与人搏斗的竞技精神，以及人与动物之间的力量交流。

图10-5　画像石《搏击斗兽图》（河南南阳出土）

南阳汉画像石中刻画的狮、虎、牛乃至仙界动物，往往使用饱满的曲线进行雕刻，象征动物的精神，它的每一个弧度和每一条曲线，仿佛都体现着汉代的无限包容和精神张力。

图10-6展示的画像石画面分为上、下两部分，上部为斗牛的画面，右侧一力士赤膊上阵，袒露上身，单手提起牛的一条后腿，牛的后半身悬空，牛头后扭做大力挣扎，左侧一人穿着宽袖长衫，手握宝剑欲刺向牛头。画像石的下半部刻画的是《聂政自屠》的故事。

图10-6　画像石《斗牛图》局部（河南唐河出土）

画像石《象人斗兽图》(图10-7)的画面中，一人戴假面具(象人)赤手空拳力斗独角兽，独角兽长角犀利，肩部生长羽毛，奋力前抵。独角兽似积蓄全身之力抵抗，而象人丝毫没有慌乱之感，反倒有收发自如之态。此画像石生动再现了汉代的斗兽之风。

图 10-7 画像石《象人斗兽图》（南阳汉画馆藏）

画像石《斗牛、兽斗图》(图 10-8)的左侧刻有一力士徒手斗牛,力士身后有一熊惊恐而逃的场景,右侧刻有两兽相斗的场景。此画像石的拓片曾被鲁迅先生收藏。

图 10-8 画像石《斗牛、兽斗图》（南阳汉画馆藏）

画像石《斗牛搏虎图》(图 10-9)的中间刻有一勇士徒手与牛搏斗的场景,与此同时,勇士身后还有一只猛虎趁机偷袭扑来。面对被前后夹击的危险,勇士面无惧色,信心十足,充分展示了其阳刚魅力。此画像石的拓片也曾被鲁迅先生收藏。

图 10-9 画像石《斗牛搏虎图》（河南南阳出土）

在画像石《斗牛、龙虎斗图》(图 10-10)的画面上部左侧,有一斗牛士下肢呈弓步姿势,一手臂后仰举起,另一手前伸推掌,力推身前的一头牛,牛呈低头翘尾之势,蓄势待攻。画面下部刻有高媒神、龙虎争斗的内容。

画像石《二勇士斗虎图》(图 10-11)的画面上部刻有勇士面对两只猛虎的场景,勇士左挡右推,面无惧色；画面下部刻有一勇士手持长矛刺向猛虎,右边一人手臂上扬为其欢呼加油。画面中的老虎张开血盆大口,尾部上扬,呈现进攻的姿态,和斗虎勇士的临危不惧形成鲜明的对比。

图10-10　画像石《斗牛、龙虎斗图》（河南唐河出土）

图10-11　画像石《二勇士斗虎图》（河南南阳出土）

画像石《射箭、刺虎图》（图10-12）刻画的画面为猎虎场景，一人拉弓射箭，其中一支箭于空中飞驰、射向虎头，另一支箭已在弦上，另一人手持长矛刺向猛虎，猛虎四腿蹬伸，整个躯体近乎呈一条直线，身体腾空，突显其凶猛之态。

图 10-12　画像石《射箭、刺虎图》局部（河南南阳出土）

画像石《拽虎尾图》（图10-13）的画面左侧有一老虎呈卧姿，虎尾上翘，昂首前看，中间一只虎俯首张口嘶吼，其尾巴被一勇士拽住，一条后腿后蹬挣扎。勇士下身着长裤，右手拽虎尾，左手拿着斧钺追逐老虎，毫无惧色。此画像石生动刻画了勇士的无惧与老虎奋力挣脱束缚的鲜明对比场景。

图 10-13　画像石《拽虎尾图》（河南方城出土）

画像石《斗二虎图》（图10-14）的画面中刻有一武士，头戴尖顶帽，穿着合裆裤，腰间配一柄长剑，身体前倾，面对猛虎时脸上没有一丝恐慌之色，徒手奋力将猛虎的上、下颚撑开。身后一虎已趴卧在地，双眼圆睁，露出惊恐之色，呈被制服之势。

图 10-14　画像石《斗二虎图》（河南方城出土）

　　画像石《斗兽图》（图 10-15）的画面左侧有一兽垂首夹尾，倒在地上，似能感受到其斗败后的恐惧之感，另一兽仰首奔驰，右侧一人似戴面具，双腿大跨步开立，一手前伸仰首，另一手后举上扬，展现其自信和炫耀之态。

图 10-15　画像石《斗兽图》　（河南南阳出土）

　　画像石《斗牛、格斗图》（图 10-16）的画面中，左侧有一牛奋蹄弓颈向前猛抵，右侧两人中一人徒手呈半马步、半弓步姿势，动作似躲闪似进攻，欲格挡或抢夺另一人刺来的长矛，其对面之人则挺枪前刺，后脚腾空，显示前刺的力度。画面四周则刻有尘土飞扬的场景，渲染紧张的格斗气氛。画像石将斗牛场景和人与人之间的格斗场景刻于一幅画面中，可见汉代将斗兽和武士间的格斗均作为武士日常的练习内容。

图 10-16　画像石《斗牛、格斗图》（河南南阳出土）

　　画像石《力士斗兽图》（图 10-17）的画面中有一力士袒胸露腹，下着和裆裤，赤脚徒手与一猛兽相搏斗，猛兽头部和前肢被力士按伏于地，二目圆睁，后背弓起，臀部上翘，做奋力挣扎状。

图 10-17　画像石《力士斗兽图》（河南南阳出土）

　　画像石《象人斗兕图》(图10-18)中一人头戴象假面具，挥臂跨步，力斗一兕❶(古代一犀牛类动物)，兕翘尾，尾端分叉，四蹄力道强劲，低头耸肩，长角前冲，显出不可抵挡的力量，而象人为了发力则前脚脚跟紧蹬地面，后腿膝盖下沉几乎碰到地面，似有突出画外之势，显示其用力之大。整幅画面刻画的充满张力，气氛紧张。

图 10-18　画像石《象人斗兕图》（河南南阳出土）

　　画像石《斗虎、斗牛图》(图10-19)中左起刻有一大鸟，长喙，高冠羽，身上饰有麟纹，其右为一异兽，长有龙头、虎爪、牛身，并长有翅膀。画面中间为一翼虎，其前有一人身着短襦短裤，一手抓住虎下颏，一手抡锤，其身旁站着的人一手揪虎耳，一手抡锤。画面右刻一牛，俯首翘尾，呈奋力向前的姿势，一人立于牛侧，用右臂挎住牛的肩胛骨，欲制服猛牛。画像石将传说中的异兽和斗兽活动结合起来，刻于一幅画面中，既是对现实生活的反映，又是对已故之人去后的世界的想象。

图 10-19　画像石《斗虎、斗牛图》（河南商丘出土）

---

❶ 兕，指古代犀牛一类的兽名。兕最早见之于《山海经》："兕在舜葬东，湘水南。其状如牛，苍黑，一角。"意指湘水的南边、帝舜墓冢的东边生长着兕这种猛兽。

第三节 | 汉代斗兽的兴盛

汉代社会的安定与经济的发展,使物质产品相对丰富,人们才有可能把注意力转移到奢侈性消费上,于是大规模的圈养禽兽类动物成为可能。汉代的斗兽和驯兽是在原始社会的基础上发展起来的,原始社会的狩猎活动是斗兽的起源,虽然其在形式上接近后来的竞技表演,但两者之间却有着实质的差别,前者是为了生存的需要而出现的活动,后者则是一种娱乐活动。

西汉时期,喜欢与猛兽搏斗的勇士遍及社会各阶层,朝野上下都通过与猛兽相斗展现自己的力量和勇气。汉朝设有专门管理"上林苑"的机构,即水衡都尉。在皇家上林苑中,设有虎圈、狮圈、野猪圈、射熊馆,还设有专门的斗兽场。据说汉武帝本人曾徒手与熊搏斗,他的儿子广陵王刘胥身高体健,力能扛鼎,也以与猛兽格斗为乐,《西京杂记》中有上述记载内容。

一、崇尚武力的社会风气

秦汉时期,诸侯纷争,战争频繁,无论是国家还是个人都崇尚武力,人们崇拜能征善战的战将,尊敬孔武有力的武士。秦国之所以能在众多诸侯国中崛起,也和他们尚武的政策与好斗的性格分不开。虽然后来秦国被刘邦和项羽所灭,但这种崇尚武力的社会风气却延续到了汉朝。

汉朝建立之初面临着各种危机,国内各方敌对势力暗暗较劲,边境的匈奴不断入侵和扰乱。在此种境况下,提升国家军队和百姓的战斗实力就是最好的办法。因此,汉朝从上到下都提倡武力,想要营造"全民皆兵"的社会风气。

当时的天子和诸侯都是能征善战、智勇双全的人才,刘邦带领义军征战南北,"大风起兮云飞扬,威加海内兮归故乡",诗句中都是对武力的推崇。画像石《高祖斩蛇图》(图10-20)中刻画的是汉高祖刘邦斩蛇的传说,是对其勇武形象的赞颂。汉武帝刘彻也善于格斗,曾经还邀请过匈奴单于进行决战。而光武帝刘秀,作为一个皇帝,也曾经御驾亲征,击退敌人。

图10-20　画像石《高祖斩蛇图》(河南唐河出土)

二、畜牧业的发展

汉代畜牧业的快速发展也为人们驯养野兽提供了物质基础。《史记》里就曾经记载过不少驯兽的内容，在汉代社会的一些上层阶级中，王侯将相们以驯养野兽为乐。当时的皇帝不仅驯养野兽，还以射杀野兽为乐趣，每年都会圈定一块山林并放入驯养的野兽，为皇家组织军队和将士进行狩猎做准备。画像石《斗牛图》（图10-21）就是对当时社会斗兽场景的反映。

图 10-21　画像石《斗牛图》之三（河南南阳出土）

三、斗兽至西汉已发展为一种普遍的娱乐活动

在古代，人们的娱乐方式相对较少，能够休闲娱乐的活动也相对匮乏，而斗兽活动能激发人们的斗志，并具有一定的观赏性，加上皇室贵族的喜爱，上行下效，斗兽也因此盛行。在汉代，贵族上层与勇武将士都热衷于斗兽，通过参加斗兽活动来彰显雄壮的体格，练习胆量和激发斗志，并提升格斗技巧。汉代的斗兽有时候更像是一种阅兵仪式，统治者通过这种方式来检阅自己的士兵，也让大家在娱乐中提升军队战斗力和凝聚力。这种大型的斗兽活动有着类似阅兵和实战演习的作用，同时也是考验武士勇气和格斗能力的竞技项目。

由于汉朝尚武之风的盛行，社会经济的繁荣，加上大规模驯养野兽现象的出现，斗兽这项历史悠久的活动也得到了空前发展。西汉初期的斗兽活动更多的是考验武士勇猛的精神和胆量，是尚武之风下的一种力量展示。画像石《射虎图》（图10-22）的画面展示了出行车队的两名骑兵在飞奔的马上反身挽弓射虎的情景，猛虎高高跃起，飞扑两骑手，两骑手毫无惊慌之色，淡定射虎，显示出其训练有素。

汉代的斗兽活动，也会被视为炫耀力量的一种方式。在当时的尚武之风的影响下，甚至连儒生都能持刀斗兽，而天子在观看之余，往往也会亲自上场，徒手同猛兽搏斗。据史

图 10-22 画像石《射虎图》局部（河南南阳出土）

料记载，汉武帝刘彻"能手格熊罴、手格猛虎，好自击熊彘，驰逐野兽"，以至于司马相如不得不专门作赋劝谏。而在刘彻病逝后，竟然用了多达 190 只虎豹生殉，可见其对于斗兽活动的热爱。西汉后期，斗兽活动则开始成为一种宫廷娱乐活动，并趋于侈靡，由此增加了许多开销。到了东汉时期，斗兽开始被更奇巧的驯兽类活动所代替，尚武之风也不再盛行，斗兽活动从此逐步淡出舞台。

第四节 | 狩猎的形式

在古代，打猎被称为"田"。《白虎通义》❶中记载道："总名为田者何，为田除害也"。为了不妨碍农业生产和农事安排，打猎多与农事结合，利用农事之余进行。在不同的季节、不同的场合与范围进行的打猎活动，有着不同的叫法，据《尔雅》记载，"春猎曰蒐，夏猎曰苗，秋猎曰狝，冬猎曰狩"。其他典籍中所记，也与此大同小异。"蒐"意为"搜索""选择"，是一种有选择的打猎方法。春天是万物生长的季节，此季节打猎，要选择肥硕且成年的动物进行猎取，留下有身孕的和幼小的动物，让其继续繁成长，以保护动物资源，维持生态平衡。"苗"是指打猎活动在已经长出庄稼的农田上进行。因为禾苗已长，果实已结，所以猎取动物必须与保护禾苗生长同步进行，这是小规模、有节制的打猎活动。"狝"则是在秋天进行的打猎活动。秋收已罢，场干地净，人们可以牵狗、驾鹰、张网、扬竿，放心地进行围猎了。"狩"是围守而取之的打措活动，一年将尽时进行，是一年中规模最大

---

❶《白虎通义》又名《白虎通》《白虎通德论》等，乃东汉班固（32—92 年）所撰集，系东汉建初四年（79年）汉章帝在洛阳城北宫的白虎观主持召开的一次规模宏大的讲论五经同异经学会议最终成果之汇编。《白虎通》汇集了四十三条（篇）关于经典阅读的名词解释，以五经总章句的形式反映了汉代经学的基本精神，内容庞杂，涉及社会生活、伦理道德、风俗习惯、国家制度、自然现象等诸多方面，历代学者常常将其视为传统社会之"法典""法宪"，当然它不具有强制性质。

的一次行猎,在冬季举行,与清理耕地相结合,其特点就是用火。《尔雅·释天》中记载道: "火田为狩",《春秋·桓公七年》中孔颖达注解道: "放火烧草,守其下风。"由于狩的规模最大,获取猎物最多,故后世将"狩猎"连称,将其作为一切打猎活动的总称。

"春以蒐振旅,秋以狝治兵"。"狩"是一年中规模最大的行猎活动,后来演变成一年中最隆重的田猎之礼。渐渐地,狩猎就有了军事训练及检阅性质,战争武器就是狩猎工具,战争形式也和集体围猎一样要排列阵势,同时又具有夜战训练及夏季野外宿营的作用。"国之大事,在祀与戎",田猎则兼具之。田猎可为祭祀准备祭品,因为猎物是用以献祭的,故还要讲究射箭得法,保证猎物外形的完整,"面伤不献,不成禽不献"。年终最大一次祭祀祖先的活动是腊祭,其得名于"猎"。校猎是指用木栏遮阻来猎取野兽的一种打猎方式,这种校猎活动为天子所特有。借助弓箭猎取野兽的活动被称作射猎,亦称羽猎。借助马匹进行射猎的活动,被称为骑射。

射猎是常见的狩猎方式,作为古代六艺之一的"射"还分为"弓射""弩射"和"弋射"三类,其中最为特别的狩猎方式是弋射。射猎时在箭上系丝绳使飞禽中箭后不能逃走,这种方法叫弋射。《诗经·女曰鸡鸣》中写道: "将翱将翔,弋凫与雁。"注释为: "谓以绳系矢而射也。"由此可知,这种系上丝绳的箭可以用于射杀空中飞行的禽类。

《淮南子·说山》中记载道: "好弋者先具缴与矰。"矰是一种系有生丝绳的短箭,缴是拴在短箭上的生丝绳,很轻。《庄子·应帝王》中记有"鸟高飞以避矰弋之害",汉高祖刘邦则在《鸿鹄歌》中写道: "鸿鹄高飞,一举千里。羽翮已就,横绝四海。横绝四海,当可奈何? 虽有矰缴,尚安所施?"这些文献记载说明了矰缴常用于射飞鸟,如图像砖《弋射、收割图》(见图3-8)是出土于四川的画像砖,从画面中可以明显看到丝绳连着箭。

筟是一种猎具,用于捕鸟和小动物,其外形为一个有长柄的椭圆形网。《诗经·小雅·鸳鸯》中记有"鸳鸯于飞,筟之罗之",注解为"网小而柄长谓之筟"。《毛传》注解道: "筟所以掩兔也。"画像石《狩猎图》(图10-23)刻画的场景为多人狩猎,画面左上部一人正在举筟网兔。

图10-23　画像石《狩猎图》之一局部 (河南南阳出土)

画像石《田猎图》(图10-24)的画面显示了田猎时的各种猎物在围猎者的围追堵截下惊恐不安、四散奔逃的情景。其中,画面左下一人手持竿网,在捕捉飞鸟、兔等小型动物。

画像石《狩猎图》(图10-25)是出土于河南嵩山启母阙的画像石,刻画了骑马狩猎的情景,一狩猎者骑在疾驰的马上,手持一大型竿网捕扑猎物。

图 10-24　画像石《田猎图》（江苏徐州出土）

图 10-25　画像石《狩猎图》之二（河南登封出土）

第五节 | 汉代狩猎的兴盛

在贵族阶级中,游猎风气之所以盛行,一是为了娱乐,二是为了满足口腹之欲。《淮南子·原道训》中记载道:"强弩弋高鸟,走犬逐狡兔,此其为乐也。"司马迁在《史记·货殖列传》中写道："游闲公子，饰冠剑，连车骑，亦为富贵容也。弋射渔猎，犯晨夜，冒霜雪，驰阮(通'坑')谷，不避猛兽之害，为得味也。"公元前2世纪中叶，西汉王朝在关中建立了我国历史上规模最大的上林苑，苑中除天然猎场外，还设有专门的斗兽场。在那个尚武的时代，每年秋冬之际，西汉皇帝令武士在长扬榭"搏射禽兽，天子登此以观焉"，有时技痒，便亲自下场。据史料记载，汉武帝"能手格熊罴""手格猛虎"。《西京杂记》卷四记载道："茂陵少年李亭，好驰骏狗，逐狡兽。或以鹰鹞逐雉兔，皆为之佳名。狗则有修毫、厘睫、白望、青曹之名；鹰则有青翅、黄眸、青冥、金距之属；鹞则有从风鹞、孤飞鹞。"狩猎风气的盛行与当时较为稳定的社会局面、良好的生态环境以及包容的文化背景有关。

达官贵族在狩猎过程中使用了多种狩猎方法，如张网、用笮捕、合围等，或弓箭齐发，或刀枪俱下，有时甚至让力气超常的勇士徒手猎兽。无论是天上飞鸟还是地上走兽，均是狩猎对象。狩猎过程中往往是数人一起或一人单枪匹马配合猎犬在自然山林间进行，具有一定的刺激性和危险性。鹰与犬既是他们的宠物，也是他们捕猎时的助手。

在画像石《畋猎图》(图10-26)中能够清晰地看到画面中刻有群山，画面右侧有一猎者骑马，跟在两猎犬后追逐三只欲逃往到山中的奔鹿，其后紧随一人手持笮进行捕猎。山峦左侧有一猎者，站于一辇车旁，此辇车是用于运载猎物的。整幅画面表现了山区中畋猎的宏大场面。

图10-26　画像石《畋猎图》（河南南阳出土）

画像石《狩猎图》(图10-27)的画面右侧有一狩猎者，正指挥三只猎犬追捕一只兔子，其中两只猎犬在后面紧追不舍，最前面的一只猎犬转身围堵，整个画面充满紧张的气氛。画面中将山峦刻画成猎犬轻松跨越的微缩版，从侧面体现出猎犬的狂奔追捕气势。

画像石《猎鹿图》(图10-28)的画面中有一只倒伏在地的卧鹿，体形硕大，左边一武士瞠目张口，执剑戟欲刺向卧鹿，鹿的前边一武士手持"T"型兵器，欲攻击卧鹿，右边一武士则一边拔剑一边跑向卧鹿，刻画出狩猎时即将俘获猎物那一瞬间的激动场景。

图 10-27　画像石《狩猎图》之三（河南南阳出土）

图 10-28　画像石《猎鹿图》（山东安丘出土）

　　画像石《围猎图》（图 10-29）分上、下两层，整个画面中部重峦叠嶂，云雾缭绕，飞禽走兽出没其中，山峦左侧有大量动物惊慌聚集，山峦右侧有猎人执弩牵犬，肩扛竿捕，骑马追逐兔、鹿等猎物。整个画面的最右侧有一棵大树，数鸟栖息其上，树下有一人张弓搭箭，欲射大鸟。画面下层有两个四肢生羽的人在驯虎、戏虎❶。

图 10-29　画像石《围猎图》之一（山东安丘出土）

　　画像石《围猎图》（图 10-30）的画面下部刻有山峰，左侧一人牵犬穷追一只麋鹿，鹿惊恐回头。下方还刻有一兔，低头蜷缩欲躲藏，右侧一猎手单腿跪地引弓，迎面射向麋鹿。画面的最右侧有一人骑马驰骋在田猎场上。

---

❶ 中国画像石全集编辑委员会 . 中国画像石全集（1）[M]. 济南：山东美术出版社，2006：120.

图 10-30　画像石《围猎图》之二（河南南阳出土）

画像石《围猎图》(图 10-31)的画面左侧有两人围猎一虎，前堵后追，前面一人在马上飞奔堵截，反身挽射，显示其射艺高超，后边一人飞马持矛刺虎，老虎无路可逃，立起上身作前扑状。画面右侧有一野兽受伤仰翻于地，其后有一人跨马挺枪欲刺。

图 10-31　画像石《围猎图》之三（河南邓州出土）

画像石《猎虎图》(图 10-32)的画面中，右侧猎人张弓射虎，猛虎扭头狂吼，虎前有一猎人持矛刺向虎首，左边两只猎犬穷追一獐，獐仓皇而逃，同时整个画面空间显示出云雾缭绕的环境。困兽犹斗的情景和猎人的前后夹击、势必擒获之势形成了鲜明对比。

图 10-32　画像石《猎虎图》（河南南阳出土）

画像石《田猎图》(图 10-33)的画面运用了多重交叉构图法进行刻画，表面看画面中的七个形象相互之间关系混乱。从左到右，最右边刻画的第七个形象为猎狗，90°错位于视线水平面的其他形象，形成了一个独立的透视关系，猎狗似正沿着纵向方向赶兽围猎。第六个和第五个形象构成了一组关系，即武士执棒扑向似狼的野兽。第四个和第二个形象也构成了一组关系，即猛虎逐鹿，鹿飞快逃窜。第三个和第一个形象构成的关系为武士引弓射牛，牛飞奔而逃。通过这样立体交叉构图，在有限的空间里展示了更大的场景和更为复杂的内容情节。这幅画像可谓是南阳汉画像石的"古典立体主义"的代表作品。

图 10-33　画像石《田猎图》（河南南阳出土）